DE DOS MUNDOS

Las ranas, sapos y salamandras en la Península de Yucatán, México

OF TWO WORLDS

The Frogs, Toads and Salamanders of the Yucatan Peninsula, Mexico

CARLOS GALINDO-LEAL

Ilustrado por / Illustrated by
ROBERTO ARREOLA ALEMÓN

PANGAEA

SAINT PAUL

International Standard Book Number 1-929165-52-8

Library of Congress Cataloguing-in-Publication Data

Galindo-Leal, Carlos.
   De dos mundos : las ranas, sapos y salamandras de la Península de Yucatán,
México = Of two worlds : the frogs, toads and salamanders of the Yucatan Peninsula,
Mexico / Carlos Galindo-Leal ; ilustrado por Roberto Arreola Alemón.
      p. cm.
Text in Spanish and English.
Summary: Describes the frogs, toads and salamanders of Mexico's Yucatan Peninsula,
looking particularly at the wide variety of adaptations found in the few species that
dwell there.
Includes bibliographical references (p.).
   ISBN 1-929165-52-8 (pbk. : alk. paper)
   1. Amphibians—Yucatan Peninsula. [1. Amphibians—Yucatan Peninsula. 2. Spanish
language materials—Bilingual.] I. Title: Of Two Worlds. II. Arreola Alemón, Roberto,
1968- ill. III. Title
   QL655 .G35 2003
   567.8'097265--dc21

2003005375

Impreso en Canadá/Printed in Canada by Westcan Printing Group

Con la asociación de / In associación with
CONSERVATION INTERNATIONAL &
The Center for Applied Biodiversity Science at Conservation International
www.conservation.org

Publicado en los Estados Unidos de América por
Published in the United States of America by

P A N G A E A
www.pangaea.org

2003

Este libro está dedicado a mi familia.
Es fruto de lo que ellos sembraron en mi.

This book is dedicated to my family.
It is the fruit of what they have sown in me.

Tabla de Contenido

LAS SALAMANDRAS	Salamandra Yucateca
	Salamandra, salamanquesa, salamandra negra y dorada
LOS SAPOS	Sapo común, sapo costero
	Sapo gigante, sapo común, sapo lechero
EL SAPO BORRACHO	Sapo borracho, sapo moi, pochi, uo, ranita boquita
LAS RANAS TREPADORAS	Ranita yucateca de casco, rana arbórea yucateca cabeza de pala
	Rana arbórea, rana de ojos rojos, rana-hoja de ojos rojos, yaxmuch (M)
	Rana arbórea, rana arbórea loquaz
	Ranita arbórea amarilla, rana grillo, quech (M)
	Ranita arbórea, ranita pintada, ranita grillo
	Ranita amarillenta, rana arbórea amarillenta
	Rana arbórea, rana lechosa, rana arbórea lechosa, quech (M)
	Ranita arbórea, rana arbórea trompuda de Stauffer
	Rana trepadora, rana arbórea de Baudin, quech (M)
LAS RANAS DE DEDOS DELGADOS	Rana yucateca
	Ranita de la hojarasca, ranita de charco, ranita espumera de dedos marginados
	Ranita de charco, ranita del sabinal, ranita espumera de labio blanco
	Sapito, sapillo o ranita túngara
LAS RANITAS DE LA BOCA CHIQUITA	Sapito, ranita triangular, termitero elegante
	Rana manglera, rana ovejera, rana cabra, Termitero balador, chacmuch (M)
LAS RANAS	Rana leopardo, rana leopardo de Berlandier
	Rana verde, rana de Vaillant

Table of Contents

SALAMANDERS	Yucatan salamander
	Salamander
TOADS	Gulf coast toad
	Marine toad, cane toad, giant toad
MEXICAN BURROWING TOADS	Mexican burrowing toad, Middle American burrowing toad
TREE FROGS	Yucatan casque-headed tree frog
	Red-eyed tree frog, red-eyed leaf-frog
	Loquacious tree frog
	Small-headed tree frog, yellow tree frog, yellow cricket tree frog
	Cricket tree frog, painted tree frog
	Hourglass treefrog, variegated treefrog
	Veined tree frog, pepper tree frog, milky tree frog
	Stauffer's tree frog, Stauffer's long-nosed tree frog
	Common Mexican tree frog, Baudin's tree frog
SLIM FINGER FROGS	Yucatan rain frog
	Black-backed frog, fringe-toed foam frog
	White-lipped frog, white-lipped foam frog
	Tungara frog
NARROW-MOUTHED FROGS	Elegant narrow-mouthed toad
	Sheep frog, sheep toad
FROGS	Leopard frog, Rio Grande frog
	Green frog, Vaillant's frog

Prólogo

Tengo en Cancún, en la Península de Yucatán, un refugio invaluable en el que encuentro la paz y la armonía que me permite estar conmigo mismo y entrar en contacto con lo sublime y lo sagrado. Aquí, al resguardo del público y la ansiedad que mi timidez impone, me gusta salir al jardín y observar los pequeños cambios que la Naturaleza realiza día con día sin consultar mi opinión: una flor nueva aquí, un tallo que se ha estirado más de la cuenta, un color diferente en el paisaje de más allá. Iba a decir que disfrutaba de esta sensación de libertad que otorga la experiencia, cada vez más rara, de la soledad. Pero la verdad es que en mis paseos habituales por el jardín no me encuentro solo. El canto de las aves, el coro de los insectos, el croar de las ranas, constituyen evidencia de que un mundo entero me acompaña aunque mis ojos miopes no lo perciban.

Uno de mis pasatiempos favoritos consiste en descubrir a aquellos seres que hacen tanto esfuerzo por pasar inadvertidos y observar sus originales costumbres. Cosa que depende a veces de los ciclos de la vida: el día y la noche, la luna, la lluvia . . . . En Cancún no llueve: se cae el cielo. El agua entera que hay sobre la faz de la Tierra entra a torrentes, acompañada de ráfagas de viento que arrastran a su paso cosas aún mucho más pesadas que mi diminuta persona. Aún así, en las épocas de estío, extraño la lluvia. Quizá sea esa parte primitiva de mí que me hace identificarla como fuente de vida y símbolo de fertilidad. Me pregunto dónde irán las ranas en estos días infecundos. Pero cuando escucho su canto, sé que la lluvia ha comenzado: la sequía ha quedado atrás.

Admirando la riqueza y variedad de los habitantes del jardín, lamento la habilidad que algunos profesores tuvieron para hacerme aborrecer la biología. El único recuerdo que conservo de las clases de zoología es la experiencia cruel de abrir una rana en canal, y destrozarla sin piedad, sin respeto alguno a su condición de criatura viviente. Tortura no sólo para el pobre animal, sino para el imberbe estudiante que tenía que perpetrar el hecho. Hasta que descubrí que con los restos de la difunta podía hacer bromas que me permitían llamar la atención de alguna belleza a quien aún no me atrevía a acercar de otra manera. La difusión de la ciencia, y en especial de la biología, suele ser árida, tediosa y compleja . . . características todas que nos invitan a alejarnos pronto de ella.

Este libro constituye una feliz excepción, un ejemplo de que la adquisición del conocimiento científico puede constituir una experiencia altamente satisfactoria. Su lectura me hizo recordar una aventura particular, más propia tal vez de un niño de ocho años que de un hombre de mi edad (prueba quizá de que el "Chavo" que todos llevamos dentro, nos acompaña hasta el final): Estaba en el fondo del jardín, a la sombra de un gran cedro milenario, siguiendo la pista de una caravana de hormigas que trasladaban laboriosamente un pedazo de hoja de plátano, cuando un sonido particular me sorprendió. Al principio pareció como si un automóvil hubiera hecho sonar su bocina. Pero aquello era imposible: el sonido provenía de algún lugar cercano por encima de mí. ¿Autos voladores? Lo volví a escuchar . . . . Identifiqué su origen y hacia allá me dirigí. Llamándome desde una rama baja, una preciosa ranita verde, no mayor de unos seis o siete centímetros, con una enorme barriga de un amarillo lechoso y cubierta de manchas negras, como un mango que se descompone, cantaba despreocupada su pasión de vivir. Mi curiosidad hizo estragos en su paz, y al primer movimiento por mi parte, saltó hacia un tronco con una velocidad que me sorprendió.

A la mañana siguiente, por casualidad, la rana saltarina atravesó nuevamente mi camino. Cuando nuestro encuentro se repitió por varias tardes consecutivas, y siempre por el mismo rumbo, decidí observarla con atención, pues tenía curiosidad por descubrir dónde tenía su hogar. Lo intenté todo, pero ella no tenía la menor intención de invitarme a pasar. Hasta que un anochecer, ya a punto

Prologue

I have in Cancun, in the Yucatan Peninsula, a priceless safe haven where I find peace and harmony to be with myself and in contact with the sublime and the sacred. Here, protected from the public and the anxiety imposed by my own shyness, I like to go to the garden and observe the small changes that Nature imposes day after day without consulting my opinion: a new flower here, a stem that has grown more than enough, a different color in the distant landscape. I was going to say that I enjoy the feeling of freedom that solitude provides, today a rare experience, but the truth is that in my habitual garden visits I am not alone. Bird songs, insect choruses, frog calls, are all evidence that a whole world escorts me even though my myopic eyes do not perceive it.

One of my favorite pastimes consists in discovering those creatures that make an effort to go unnoticed and to observe their unusual habits, which sometimes depend on the life cycles: day and night, moon and rain. In Cancun, it does not rain, the sky falls! All the water on the face of the Earth suddenly downpours, along with windstorms, carrying much heavier objects than my diminutive person. But still, I miss the rain in the dry season. Maybe it is a primitive part of me that identifies rain as a source of life and as a symbol of fertility. I wonder where frogs go during those sterile days. But when I hear their call, I know that the rain has begun and the drought is left behind.

Enjoying the richness and variety of the garden inhabitants, I lament the disability of my teachers that made me detest biology. The only memory that I retain of zoology classes is the cruel experience of opening a frog and cutting it into pieces without respect as a living being. It was a torture not only for the poor animal, but also for the young students that had to perpetrate the act. That was until I discovered that, with the pieces of the defunct frog, I could made jokes to attract the attention of a pretty classmate to whom I had no access in other ways. Science teaching, and especially biology, is often dry, tedious and complex, and we hurry to escape it.

This book is a blissful exception, and an example that learning scientific facts can be a highly satisfactory experience. Reading it, I was reminded of a particular adventure, perhaps more proper for an eight-year-old child than for a man of my age (evidence that our inside "Chavo," our "kid," is with us until the end): I was at the far end of the garden, under the shadow of a great aging cedar, following the track of a caravan of ants that was moving a piece of banana leaf, when I was surprised by a sound. First, I thought it was a car beeping its horn. But that was impossible, the sound came from above. Flying cars? I heard it again. I identified the source and went there. Calling me from a lower branch, there was a beautiful green frog, no bigger than two or three inches, with a large milky yellow belly and covered with dark blotches, looking like a ripe mango. It was untroubled singing its passion for life. My curiosity broke up its peacefulness and just after my first movement, it jumped to a tree trunk with surprising speed.

Next morning, coincidentally, the jumping frog crossed my path again. Since our meeting was repeated several consecutive afternoons, and always near the same area, I decided to observe it carefully. I was curious to find its home. I attempted everything, but she had no intention of inviting me in. One evening, I was close to giving up, and I heard the peculiar greeting sound of my friend (*uonk uonk*, as Carlos describes it in the book). This time she could not escape. Very carefully I put my eyeglasses on while I turned around, my upper body leaving my feet in the same place to avoid scaring it again. Mrs. Frog, very proud and without showing signs of hospitality, moved to the center of the tree and disappeared behind a strange shadow. It was just after sunset, but I know my garden well, the frog went on top of the garden's cedar into one of those beautiful plants of

de desistir, escuché el peculiar sonido de mi amiga al saludar (*uonk uonk,* la describe Carlos en su libro). Esta vez no había escapatoria. Con toda precaución me coloqué los anteojos mientras giraba la parte superior de mi cuerpo, dejando los pies clavados en el piso, pues no quería que un ruido la asustara nuevamente. Doña Ranita, muy digna y aún sin mostrar señales de invitación, se dirigió hacia el corazón del árbol y desapareció detrás de una sombra extraña. El sol se había ocultado ya, pero conozco bien mi jardín: se trataba de una hermosa planta de hojas suculentas, coronada con una inmensa flor rosa, que se posa sobre el cedro del jardín. No parece pertenecer al árbol, sino únicamente vivir sobre él. Hoy que he leído este texto, sé que estas plantas se llaman bromelias y que, en efecto, son inquilinas de árboles de categoría residencial. Quedé por muchos años con la duda, pero la lectura de este libro confirmó mis sospechas: la ranita vivía allí.

Carlos Galindo no descubrió la importancia de las ranas, y así lo reconoce en su libro, al señalar el lugar que las culturas antiguas, y particularmente nuestros ancestros los mayas, otorgaban a estos extraños animalitos. Sin embargo, su investigación me condujo por una serie de descubrimientos que lograron capturar mi atención.

Me encantó saber que las ranas pueden permanecer en un "abrazo nupcial" hasta por varios días, aunque sentí tristeza por aquéllas que, en lugar de disfrutar de esta capacidad, dejan los huevos regados por ahí, sin llegar nunca a conocer a sus crías.

El capítulo sobre la metamorfosis me hizo reflexionar. ¿Cuántas metamorfosis sufriremos los seres humanos? Es verdad que en los anfibios es mucho más evidente, pero nadie confunde a un anciano con un bebé (aunque algunos actores nos empeñemos en pretenderlo, pero todo el mundo sabe que no es más que una caracterización). Las ranas y salamandras cambian de color, ya sea para pasar inadvertidas o para intimidar con sus colores estridentes, como los de "El Chapulín Colorado". Aunque, a diferencia de aquéllas, éste no lo hace para asustar o esconderse sino todo lo contrario: su objetivo es ser identificado. Y si "El Chapulín Colorado" tuviera la habilidad de la rana para detectar al enemigo, no necesitaría de sus antenitas de vinil.

A pesar de mi atracción por ellos, debo confesar que consideraba intrascendentes a estos pequeños animalitos. Sin embargo, leyendo estas páginas me entero que no sólo sirven para cantar o divertir a los niños y deleitar el paladar de los adultos, sino que además han contribuido a nuestro bienestar de mil maneras, entre las cuales agradecí la enorme contribución que han hecho a la investigación y solución de tantas enfermedades.

Me sorprendió conocer la variedad de los anfibios existentes. Su descripción me ayudó a tomar conciencia de la famosa "diversidad". Son diversos los sapos, las ranas y las salamandras. Son diversos los insectos y los peces. Son diversas las plantas y las mascotas . . . ¿Por qué no habríamos de ser diversos los seres humanos? Quizá si comprendiéramos a fondo el significado de este concepto tan en boga, seríamos más respetuosos y tolerantes con nuestros semejantes, y viviríamos en un Mundo más en paz. Y hay mucho más en que meditar cuando de comparar a las ranas con los hombres se trata: Si bien los anfibios llegan a ser caníbales por extrema necesidad, los hombres negamos serlo con vehemencia, y nos escandalizamos de los pocos casos conocidos. Y sin embargo, la verdad es que vivimos comiéndonos unos a otros sin piedad.

Los anfibios tienen una gran capacidad de adaptación al medio. El hombre en cambio, lo modifica y lo adapta a él. Y no es que sea partidario de vivir en la prehistoria, de la caza, la pesca y la

succulent leaves, crowned with an immense pink flower. The plant does not seem to belong to the tree, but only lays on top of it. Today, after reading this book, I know that these plants are called bromeliads and that in fact, they are residential hosts on the tree. For many years I was in doubt about the frog's whereabouts, but reading this book I confirmed my speculations: the frog lived there.

Carlos Galindo did not discover the importance of frogs and he recognizes this in the book, when he underlines their place in ancient cultures, and in particular the place that our ancestors, the Maya, gave to these peculiar animals. His research, however, led me through a series of discoveries that captured my attention.

I was fascinated to know that frogs may stay in a "nuptial hug" for several days, but I was sad to know, that some do not enjoy this characteristic, but leave their eggs and do not stay long enough to meet the offspring.

The chapter on metamorphosis made me reflect. How many metamorphoses will human beings undergo? It is true that in amphibians metamorphosis is evident, but alas nobody mistakes a old man with a baby (some of us actors, are stubborn to try, but everyone knows that it is just an impersonation). Frogs and salamanders change color to go unnoticed or to intimidate with their bright colors, like those of *"El Chapulín Colorado"* my red grasshopper character. In contrast to amphibians, however, *"El Chapulín Colorado"* does not intend to scare or hide. To the contrary, his objective is to be identified. And if he had the frog's ability to detect the enemy, he would not need his vinyl antennae.

In spite of my attraction for frogs, I must confess that I considered these animals of little consequence. Reading this book, however, I learned that they not only sing, entertain children and please the palate of adults, but that they have contributed to our well-being in many ways. I am grateful for their enormous contribution to the research and cure of disease.

I was surprised to know about the variety of living amphibians. Their descriptions helped me to be conscious of the famous word "diversity." Frogs, toads and salamanders are diverse. Insects and fish are diverse. Plants and pets are diverse. Why shouldn't there be diversity among human beings? Maybe if we understood the deep meaning of this concept that is today in fashion, we would be more respectful and tolerant of our fellow beings, and we would live in a more peaceful world. And there is much more to meditate upon when we make comparisons between frogs and humans: Frogs may revert to cannibalism when in extreme need. Humans vehemently deny being cannibals and we are dismayed when we hear about such cases. The truth, however, is that we live eating each other mercilessly.

Amphibians have a great capacity to adapt to their environment. Humans, in contrast, modify and adapt their environment. I am no fan of living in prehistory, hunting, fishing and gathering. Not at all, to me progress and development are part of the essence of being human. God created the universe so that we can enjoy it. But if humans are capable of transforming their environment, we also have the responsibility for the consequences.

Something similar occurs in metamorphosis: from egg to larva, tadpole and toad. Change will happen whether we like it or not. Humans, in contrast have freewill. It is true that I did not choose

recolección. Todo lo contrario: en mi esencia de ser humano está el progreso, el desarrollo. Dios creó al Universo para que disfrutáramos de él. Pero si el hombre tiene la capacidad de realizar la transformación del medio que lo rodea, tiene también la responsabilidad de lo que suceda después.

Algo similar sucede con la metamorfosis: de huevo a larva, renacuajo, sapo. Los cambios sucederán, los quiera o no. En el ser humano, en cambio, existe el libre albedrío. Es cierto que no elegí las canas de mis sienes y el cansancio de mis rodillas, pero sí ejercité mi libertad cuando decidí vivir la vida con alegría, conservar la curiosidad, la inocencia, la intensidad y la sensibilidad del niño que llevo dentro, poner siempre a las personas por encima de las cosas. Modificamos en nuestra vida aquello que queremos modificar, y conservamos por libertad lo que deseamos conservar. Muchos hombres culpan al medio, al pasado, a los otros, por su estancamiento en el charco que los mantiene como ajolotes. Pero sólo el ser humano es capaz de decidir crecer, y trabajar por ello.

¿Y todo esto a raíz de la lectura de un libro sobre ranas, sapos y salamandras?

Sí. No es que el libro haga estas reflexiones, es que su lectura lleva a esto y mucho más. Cuando me ofrecieron la oportunidad de escribir este prólogo, dudé sinceramente de mi capacidad para hacerlo. Sé escribir, sí, ése es mi oficio. ¿Pero de biología . . .? ¿Qué autoridad tengo yo para introducir al lector a un texto científico? ¿Comprendería yo mismo el contenido? No había otra forma de saberlo más que leyendo el libro. Mi sorpresa fue mayúscula. Con un estilo amable, accesible, por momentos poético, Carlos Galindo se expresa con sencillez y claridad para el hombre común. Logra hacer de los caprichos más misteriosos de la ciencia una historia comprensible, llevando un ritmo ameno y traduciendo la erudición con lenguaje que derrumba nuestros prejuicios defensivos. En su libro se percibe el amor a lo que hace, el interés por difundirlo, el respeto tanto por la ciencia que estudia como por el lector que la recibe o el entorno en que realiza su investigación. Baste como ejemplo el numerar los capítulos en español empleando caracteres mayas, o el presentar en un mismo volumen el texto en español, lengua oficial de la Península de Yucatán, y en inglés, hoy por hoy idioma de la ciencia universal, como lo fuera un día el latín.

Pero lo que más me gustó, fue constatar el sentido del humor con el que enriquece el contenido del texto.

Siempre he dicho que el sentido del humor es un termómetro de la inteligencia: sólo el hombre inteligente es capaz de generar humor (no ridiculez, que genera burla, sino humor, que provoca risa). Únicamente el hombre inteligente puede captar y disfrutar del humor. Porque finalmente la risa es la manifestación del triunfo del intelecto que descubre el absurdo, la ironía, la trampa, el equívoco, el ingenio, la oportunidad en la situación humorística. Cuentos, chistes, canciones, poemas relativos al texto, elegidos con éxito de entre la cultura popular de muchos países, coronan éste que es, sin duda alguna, un libro que vale la pena leer.

Roberto Gómez Bolaños "Chespirito"
Actor, escritor humorístico y creador de
"El Chapulín Colorado" y "El Chavo del Ocho"
Cancún, México

my gray hair, or my tired knees, but I executed my freedom when I decided to live life happily, to conserve the curiosity, innocence, intensity and sensibility of the child inside me, and to place people above things. We change in our life what we want to change and we keep the freedom that we wish to maintain. Many humans blame the environment, the past or others—their dormancy that keeps them as tadpoles. But only human beings are capable of deciding and working for their decisions.

And all this from reading a book about frogs, toads and salamanders?

Yes. The book does not delve into these subjects, but its reading takes you to this and much more. When I was offered the opportunity to write this prologue, I had sincere doubts about my capacity to do it. I know how to write, it is my trade. But about biology . . .? What authority do I have to introduce a scientific book to the readers? Would I myself understand the content? There was no other way to find out but by reading the book. My surprise was enormous. With a gracious, accessible and at times poetic style, Carlos Galindo writes with simplicity and clarity for the layperson. He transforms the most mysterious scientific phenomena into comprehensible story, with an amusing rhythm and translating complex erudition to a language that crumbles our defensive prejudices. In his book, you can perceive the love for his trade, his interest for sharing it, his respect for the science he studies and for the reader he addresses and for the environment where he conducts his research. As an example, he uses Maya numerals to present the chapters in the Spanish section, and presents in the same volume the text in Spanish, the official language of the Yucatan Peninsula, and in English, the language of universal science, as once Latin was.

But what I liked the most was to confirm the sense of humor that enriches the content of the text.

I have always said that the sense of humor is the thermometer of intelligence: only the intelligent human is capable of generating humor (not ridicule, but humor that leads to laughter). Only the intelligent human can capture and enjoy humor. Because in the end, laughter is the manifestation of the triumph of intelligence when it discovers the absurd, the irony, the trap, the mistake, the ingenious, the opportunity in the humoristic situation. Stories, jokes, songs and poems related to the text, selected successfully among the popular culture of many countries, crowned this book that is without a doubt, worth reading.

Roberto Gómez Bolaños "Chespirito"
Actor, comedy writer and creator of
"El Chapulín Colorado" and "El Chavo del Ocho"
Cancun, Mexico

Prefacio

Eran ya las seis de la tarde y nos quedaba poco tiempo para llegar antes que oscureciera. Empacamos algunas cosas básicas para pasar la noche en la selva y salimos rápidamente en el Jeep. Estábamos tan sólo como a una hora de camino, pero en la oscuridad sería más difícil encontrar el sitio. Esa mañana, Catarino Rodríguez, quien nos ayudaba a Felipe y a mi a localizar colmenas de abejas africanizadas, nos había invitado a ir a "chiclear". Sus compañeros estaban ya en el campamento internados en la selva sangrando zapotes para obtener el latex. El salía por la tarde a encontrarlos. Nos dio indicaciones de cómo localizarlos y nos dijo que estaría esperándonos.

Al salir de Zoh-Laguna, Julia se unió a la expedición y junto con Felipe nos fuimos entusiasmados. Era una rara oportunidad para presenciar el milenario oficio de extraer chicle de los árboles y compartir la noche con los chicleros charlando sobre las selvas de Campeche. Después de recorrer un buen tramo de camino en la selva, encontramos la pequeña fogota en donde descansaban Catarino, Elías Cahuich Ya "El Gato" y Nicho "El Manantial".

Al avanzar la noche, la conversación pasó de temas de trabajo, a mitos y leyendas de la selva y finalmente iniciamos la conversación sobre los animales de la región. Después de hablar de jaguares, pumas, pecaries y cocodrilos, Catarino nos preguntó si en México había lobos, zorras y licaones. Su curiosidad por las dos primeras especies no me sorprendió, pero su mención de los licaones fue de lo más inesperada. Pocas personas además de los biólogos utilizan ese término. Al preguntarle que donde había oído hablar de esa especie originaria de África, Catarino comentó que guardaba un fascículo de la enciclopedia española, *Fauna*, que tanto me había entusiasmado durante mis primeros años de formación. Era evidente que este lugareño con poco acceso a materiales de lectura no sólo la había leído y releído sino que se había memorizado los nombres de los animales que ahí estaban descritos.

Esta conversación en agosto de 1997, me causó un gran impacto, ya que mi motivación para hacer investigación en las selvas de Campeche era contribuir a su conservación. Al conocer cada vez más detalles sobre la naturaleza los investigadores nos maravillamos y preocupamos más por su mantenimiento. La charla con Catarino, me hizo reconocer que aunque el interés por conocer la naturaleza existe, la información no está accesible para la gente de la región y para conservar hay que conocer. Este libro es un modesto intento para crear un puente entre los avances del conocimiento científico y el público que finalmente decide día con día el futuro del planeta.

Este libro reúne mi amor por la naturaleza y su conservación, por la historia, la música, el arte gráfico, la poesía, la literatura, y el conocimiento popular. Estos ingredientes se generaron y han sido alimentados por mis amorosos padres, hermanas y hermano, quienes constantemente me han apoyado desde que decidí ser biólogo a los quince años. Todos dedicaron muchas horas ayudándome con las tareas de la escuela a pesar de mi resistencia a hacerlas y me inculcaron el amor por la naturaleza, el arte y sobre todo por el continuo aprendizaje. En cada uno de ellos, he encontrado la inspiración que hoy se materializa en este libro.

El aprendizaje es una metamorfosis. A medida que entendemos las maravillas y misterios de la naturaleza, vamos desechando viejos e inútiles prejuicios y apreciamos y respetamos más a todos los seres vivos con los que compartimos el planeta. Es mi intención que los ingredientes combinados en este libro nos ayuden a reflexionar sobre la responsabilidad que tenemos como guardianes de este gran tesoro irremplazable que es la vida sobre el planeta.

Carlos Galindo-Leal
Nueva York

Preface

It was already six o'clock in the afternoon and there was little time to get there before dark. We packed some basic items to spend the night in the forest and quickly left in the jeep. We were only one hour away, but in the dark it would be difficult to find the site. That morning, Catarino Rodríguez, who was helping Felipe and me to find Africanized beehives, had invited us to go and obtain *chicle*. His coworkers were already deep in the forest bleeding zapote trees to obtain the sap. He was catching up that afternoon. He provided us with directions and said he would be waiting.

As we were leaving Zoh-Laguna, Julia joined Felipe and myself and we departed with a lot of excitement. It was a rare opportunity to see firsthand the ancient practice of obtaining *chicle* (used in chewing gum) from the trees and to spend part of the night talking about the jungles of Campeche with the *chicleros*. After driving down an old logging road, under the trees we spotted a small campfire where Catarino, Elias Cahuich Ya "The Cat" and Nicho "The Spring" were resting.

As the night progressed the conversation went from their work, to myths and legends of the forest, and finally we began a conversation on the wildlife of the region. After talking about jaguars, pumas, peccaries and crocodiles, Catarino asked us if there were wolves, foxes and licaons in Mexico. His curiosity about the first two animals was not surprising but his reference to the licaons was most unexpected. Very few people other than biologists would use the term. I asked him where he had heard about that African species, and he said he kept an issue of the Spanish encyclopedia, *Fauna*. The encyclopedia had been a major reference for me during my early years reading about wildlife. It was evident that this farmer, with little access to reading material, not only had read and re-read, but he had memorized the names on the animals described there.

That conversation in August of 1997 marked me, since my motivation for doing research in the forests of Campeche was to contribute to conservation. As we researched more details on nature, we wondered and worried more about its maintenance. Chatting with Catarino made me recognize that even when local people are interested to know more about nature, the information is not available to them and to conserve you have to understand. This book is a modest attempt to build a bridge between the advances of scientific knowledge and the public that decides daily the future of the planet.

This book reunites my love for nature and its conservation, for history, music, graphic art, poetry, literature and popular knowledge. These ingredients were generated and nurtured by my loving parents, sisters and brother, who have constantly supported me since I decided to become a biologist at age fifteen. All of them dedicated many hours to help me with school assignments in spite of my resistance, and they instilled in me a love of nature, art and, above all, continuous learning. In each one of them I have found inspiration materialized today in this book.

Learning is a metamorphosis. As we understand the wonders and mysteries of nature, we reject old and useless prejudices and grow appreciation and respect for all living beings that share the planet with us. It is my aspiration that the elements combined in this book will help us consider our responsibility as guardians of this great irreplaceable treasure that is life on Earth.

Carlos Galindo-Leal
New York

Agradecimientos

Este libro contiene la contribución de un gran número de amigos con los que he quedado profundamente endeudado. En primer lugar quiero agradecer la invitación de Catarino Rodríguez y Elias Cahuich Ya a pasar la noche platicando junto a la fogata en las selvas del sur de Campeche. De ellos me nació la inspiración para escribir este libro, y se los agradeceré eternamente.

A pesar de nuestra relación de larga distancia, mi cercano amigo en México, Roberto Arreola Alemón con su gran sensibilidad, increíble creatividad y amor por la naturaleza hizo las ilustraciones del libro. Mi herpetólogo de cabecera, Rogelio Cedeño Vázquez (México), excelente científico, compañero de campo y gran fotógrafo revisó el manuscrito. Robert C. Drewes del Departamento de Herpetología de la Academia de Ciencias de California en San Francisco, y David B. Wake del Museo de Vertebrados de la Universidad de California en Berkeley gentilmente pusieron a mi disposición sus bibliotecas especializadas. Jamie K. Reaser (USA) continuamente me alentó dándome sugerencias tanto de fondo como de forma de la versión en inglés. Alexandra Ferrara (Argentina) de igual manera corrigió detalladamente la versión en español. Cualquier error que puedan encontrar es responsabilidad de ellas.

Del equipo de comunicaciones del Centro para la Ciencia Aplicada de la Biodiversidad de Conservación Internacional, agradezco a Neil Lindeman quien editó detalladamente el manuscrito y a Glenda Fábregas, por su excelente trabajo en el diseño gráfico y su paciencia para incorporar mis preferencias personales.

Muchos amigos me enviaron letras de poemas, canciones, y literatura relacionada. Mil agradecimientos a Wendy Fox y Sylvia Fallón (USA); Michelle Evelyn (Canadá); Sarah Lowe (Nueva Zelanda); Enrique Galindo Leal, Gabriela Patiño y José Enrique Escobedo Cabrera (México); Cristóbal Espinel (Ecuador-Canadá); Eugenia del Pino y Mauricio Guerrero (Ecuador); Susana Galindo-Kunder (México-Suiza); Liza Xcot y Christian Barrientos (Guatemala); Vivian Paéz y María Isabel Lopera (Colombia); Tina Olivera (Venezuela); Amneris Siaca (Puerto Rico); Jorge Ferro y Mario Gutiérrez (Cuba). A todos ustedes, por su colaboración y su amistad, muchas gracias. Mi amigo Art Blundell, se ofreció a hacer la revisión final. A todos ustedes por su colaboración y amistad, muchas gracias.

Russ Mittermeier, Conservación Internacional (CI), y Gustavo Fonseca, Centro para la Ciencia Aplicada de la Biodiversidad de CI, confiaron y apoyaron la producción de este libro. Finalmente, estoy profundamente endrogado con Bonnie Hayskar de Pangaea. Su entusiasta apreciación, su profundo interés y su gran persistencia finalmente materializaron este libro.

Acknowledgments

This book contains the contribution of a large number of friends to whom I am deeply indebted. First of all I want to thank Catarino Rodríguez and Elias Cahuich Ya for the invitation to spend the night talking beside a campfire in the tropical forest of southern Campeche. The inspiration to write this book, was born with them, for which I will be eternally grateful.

In spite of the long-distance relationship, my very close friend in Mexico, Roberto Arreola Alemón—with his great sensitivity, amazing creativity and love for nature—drew the illustrations for this book. My private herpetologist, Rogelio Cedeño Vázquez (Mexico), an excellent scientist, wonderful field company and great photographer, revised the manuscript. Robert C. Drewes, Department of Herpetology, California Academy of Science, San Francisco, and David B. Wake, Museum of Vertebrate Zoology, University of California at Berkeley, allowed me to use their specialized libraries. I received continuous support from Jamie K. Reaser (USA) and plenty of suggestions both for form and content in the English version. Similarly, Alexandra Ferrara (Argentina) revised and corrected the Spanish version with much detail. Any error in the book is their responsibility.

From the communications team at Conservation International's Center for Applied Biodiversity Science, I thank Neil Lindeman for his detailed editing and Glenda Fábregas for her excellent graphic design work, always patient to incorporate my personal preferences.

Many friends provided me with songs, poems and literature on amphibians. I am eternally indebted to Wendy Fox and Sylvia Fallón (USA); Michelle Evelyn (Canada); Sarah Lowe (New Zealand); Enrique Galindo Leal, Gabriela Patiño and José Enrique Escobedo Cabrera (Mexico); Cristobal Espinel (Ecuador-Canada); Eugenia del Pino and Mauricio Guerrero (Ecuador); Susana Galindo-Kunder (Mexico-Switzerland); Liza Xcot and Christian Barrientos (Guatemala); Vivian Paéz and María Isabel Lopera (Colombia); Tina Olivera (Venezuela); Amneris Siaca (Puerto Rico); Jorge Ferro and Mario Gutiérrez (Cuba). My friend Art Blundell assisted in final copyediting. Many thanks to all of you for your friendship and collaboration.

Russ Mittermeier, Conservation International, and Gustavo Fonseca, CI's Center for Applied Biodiversity Science, trusted me and supported the production of this work. Finally, I am extremely indebted to Bonnie Hayskar of Pangaea. Her enthusiastic appreciation, devoted interest and great persistence helped this book to finally materialize.

Introducción

Es un verdadero honor y placer tener la oportunidad de escribir el prefacio para este maravilloso libro sobre los anfibios de la Península de Yucatán, escrito por un ecólogo, ahora metamorfoseado (temporalmente) en herpetólogo. He leído con profundo gusto las páginas que conforman este libro y me he divertido mucho con la compilación de las citas, sacadas de diversas obras literarias, dichos populares, fábulas y otras anécdotas, relativas a los anfibios. La investigación literaria que hizo el autor para recopilar estos citas es sorprendente, pero no menos sorprendente que la maestría para traducir términos, fenómenos y otros tecnicismos en un lenguaje popular claro y muy sencillo de asimilar para el científico especializado, el que no lo es y para el que sin ser científico quiere saber qué son, cómo viven y qué problemas tienen estos fascinantes animales que se les nombra anfibios.

Cuando queremos saber acerca de qué es un anfibio, qué especies de anfibios habitan en un lugar determinado, como lo es la Península de Yucatán, cómo viven estos animales y otras cosas más, encontramos un gran cantidad de literatura para consultar. No obstante, casi no existen libros o folletos que pueda leer cualquier persona. La gran mayoría de la literatura es de carácter técnico y de difícil entendimiento para el lector no entrenado. Este libro, escrito por Carlos Galindo, es una excelente opción para todos aquellos que desean conocer a los anfibios de este pedazo, casi plano de México, que es la Península de Yucatán. Estoy seguro que los lectores de todas las edades y profesiones, encontrarán en *De dos mundos: Las ranas, sapos y salamandras de la Península de Yucatán, México* una fuente de conocimiento literario y científico de primera.

Ojalá más científicos cada día dedicáramos un poco de nuestro tiempo para divulgar ideas tan interesantes como las que contiene este libro, y que sin duda alguna ayudarán al lector a tener una conciencia más clara de lo que son los anfibios y su conservación.

Oscar Flores Villela
Herpetólogo y profesor de biología
Universidad Nacional Autónoma de México
Ciudad de México

Introduction

It is a great honor and pleasure to have the opportunity to write the introduction to this marvelous book on the amphibians of the Yucatan Peninsula written by an ecologist, now metamorphosized (temporally) in herpetologist. I have read with deep delight the pages of this book and also had fun with the compilation of quotes, from diverse literary works, popular sayings, fables, and other anecdotes related to amphibians. The literary investigation conducted by the author to compile these quotes is astonishing, but not less astonishing is his mastery in translating scientific terminology, phenomena and other technical issues into a clear and uncomplicated popular language that is easy to assimilate for the specialized and non-specialized researcher and for the person who, without being a scientist, wants to know who these fascinating animals named amphibians are, how they live and what the problems are that they face.

When we want to know about what is an amphibian, what species live in a particular place, such as the Yucatan Peninsula, how these animals live, and many other things, we can consult a great deal of literature. However, there are almost no books or pamphlets that can be read by anybody. The great majority of the literature is of a technical nature and difficult to understand for the untrained reader. This book, written by Carlos Galindo, is an excellent option for all of those who wish to know the amphibians of the Yucatan Peninsula, this almost flat piece of Mexico. I am sure that readers of all ages, and professions will find in *Of Two Worlds: The Frogs, Toads and Salamanders of the Yucatan Peninsula, Mexico*, a source of first-class scientific and literary knowledge.

Hopefully every day more of us scientists will dedicate a bit of our time to spread such interesting ideas as the ones embedded in this book and that without doubt will help readers to have a more clear understanding of the issues surrounding amphibians and their conservation.

Oscar Flores Villela
Herpetologist and professor of biology
Universidad Nacional Autónoma de México
Mexico City

"Yo nací en una laguna
y mi cuna fue de lodo
cosa que de ningún modo
me puede desmerecer
que a la hora de nacer
renacuajos somos todos".

"Sapo Fierro", María Elena Walsh, Argentina

"I was born in a lagoon
and had a mud cradle
but that does not
make me less
because at the time of birth
we all are tadpoles."

"Sapo Fierro," María Elena Walsh, Argentina

¿Quiénes son?

os anfibios, como su nombre lo indica, del griego *amphi*, "doble", y *bios*, "vida", son los únicos vertebrados que en verdad viven en dos mundos. La mayoría pasan la primera parte de su vida asociados al agua y la segunda a la tierra. Su transformación física al cambiar de estilo de vida es dramática. En general, los anfibios son animales pequeños con piel lisa, húmeda y sin escamas, plumas, ni pelos. Su corazón tiene sólo dos cavidades. La mayoría cuenta con un par de pulmones, pero algunas especies carecen de pulmones totalmente. A diferencia de otros vertebrados, la retina de su ojo tiene células receptoras especiales llamadas bastones verdes.

"Cuando la rana crie pelo"

Dicho popular, Cuba

A diferencia de las aves y los mamíferos, los anfibios son animales de "sangre fría" o ectotermos (*ecto*=fuera; *termos*=temperatura). Tienen muy poco control sobre su propia temperatura y los cambios externos afectan directamente sus actividades. Debido a esto, los anfibios regulan su temperatura por medio de su comportamiento, buscando sitios adecuados en el ambiente y cambiando de sitio para calentarse o enfriarse. Su color también puede cambiar para absorber más calor.

"Más frío que una rana"

Dicho popular, Cuba

Los anfibios son altamente diversos en cuanto a sus formas de vida. La mayoría presentan fertilización externa, pero algunos la tienen interna. La mayoría pone huevos, pero algunos tienen a sus crías vivas. Muchas especies ponen huevos en el agua, pero algunas se han independizado del medio acuático.

CHAPTER 1

Who are they?

Amphibians are, as their name indicates, from the Greek, *amphi* meaning "double" and *bios* meaning "life," the only vertebrates that truly live in two worlds. Most amphibians spend the first part of their lives associated with water and the second with land, and dramatic physical changes occur when they shift lifestyles. In general, amphibians are small animals with smooth and moist skin. They lack scales, feathers or hair. Their heart has only two chambers. Most have a pair of lungs, but some lack lungs completely. Unlike other vertebrates, the retina of the amphibian's eye has special cells, known as green rods.

"When the frog grows hair"

Popular saying, Cuba

In contrast to birds and mammals, amphibians are "cold-blooded" animals or ectotherms (*ecto* = outside; *termos* = temperature). They have little control over their own temperature, and external changes directly influence their activities. Amphibians control their temperature through their behavior. They find suitable sites in the environment and change position to get warmer or colder. Their color may also change to absorb more energy.

"Colder than a frog"

Popular saying, Cuba

Amphibians have highly diverse life histories. For the majority of the species fertilization is external, but some have internal fertilization. Most species lay eggs; others give birth to live young. Many species lay their eggs in water, but some are not dependent on water.

Fig. 1-1

En la actualidad existen tres grupos (Ordenes) de anfibios: las ranas y sapos (alrededor de 4000 especies), las salamandras (alrededor de 400 especies) y las cecilias o anfibios sin patas (alrededor de 160 especies).

En México se han registrado alrededor de 355 especies de anfibios (230 sapos y ranas, 123 salamandras y dos cecilias), pero se siguen descubriendo nuevas especies. Lo importante de esta diversidad de anfibios, es que el 65 por ciento de estas especies únicamente se encuentran en México.

¿Sapos o ranas?

Las ranas y los sapos pertenecen al Orden Anura (*a* = sin; *uros* = cola). Son anfibios que carecen de cola y tienen sus extremidades traseras de mayor tamaño que las delanteras. Tienen ojos grandes y su piel es lisa y húmeda o glandular. Muchas especies tienen membranas entre los dedos de las manos y patas. Generalmente miden menos de 5 cm pero algunas especies miden hasta 30 cm.

"Canta la rana y baila el sapo".

Refrán popular, España

¿Son diferentes los sapos de las ranas? En general, los sapos tienen cuerpo robusto, piel áspera con verrugas y extremidades relativamente cortas (Figs. 1-1 y 1-2). Las ranas por el contrario, tienen cuerpo fino, piel lisa y muy húmeda y extremidades relativamente largas (Figs. 1-3 y 1-4). Sin embargo, en muchos lugares se les conoce indistintamente. Por ejemplo, al sapo borracho también se le conoce como "ranita boquita".

"Nunca falta un sapo para que cante una rana".

Refrán popular, España

Fig. 1-2

"El sapo es un animal
que no es bonito ni feo
de largo tiene una cuarta
y de ancho cuatro dedos".

"El sapo", Pío Alvarado, Venezuela

There are three groups (Orders) of living amphibians: frogs and toads (approximately 4000 species), salamanders (approximately 400 species) and caecilians or legless amphibians (approximately 160 species).

Approximately 355 species of amphibians have been recorded in Mexico (230 frogs and toads, 123 salamanders and two caecilians), but new species continue to be discovered. The important aspect of the amphibian diversity of Mexico is that 65 percent of the species are found nowhere else on the planet.

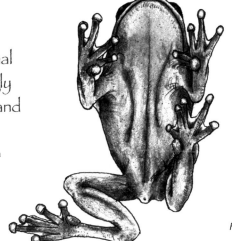

Fig. 1-3

Frogs or toads?

Frogs and toads belong to the Order Anura (*a* = without; *uros* = tail). They lack a tail and their hind legs are longer than their forelegs. They have large or small eyes and wet and smooth, sometimes glandular skin. Many species have webbed membranes between their toes. They are generally smaller than 5 cm (2 in), although some species can reach up to 30 cm (1 ft) in size.

"The frog sings and the toad dances."
Popular saying, Spain

What are the differences between frogs and toads? Generally, toads have bulky bodies, rough skin with warts and relatively short legs (Figs. 1-1 and 1-2). Frogs, on the other hand, have thin bodies, smooth, wet skin and relatively long legs (Figs. 1-3 and 1-4). Common names, however, vary from region to region. The Mexican burrowing toad, for example, is also known as the small-mouthed frog.

"There is always a toad for a frog to serenade."
Popular saying, Spain

"The toad is an animal neither pretty nor ugly that is one hand long and four fingers wide."
"The Toad," Pío Alvarado, Venezuela

Fig. 1-4

5

Tamaño y características de las ranas y sapos de la península

Aunque el grupo de ranas y sapos de la península es relativamente homogéneo, existe cierta variedad en cuanto a su apariencia externa (Cuadro 1), extremidades y tamaños (Cuadro 2). El sapo gigante es sin duda el que alcanza mayor tamaño, midiendo hasta 14 cm y pesando hasta 1.5 k. En el otro extremo, hay cuatro especies con tamaño menor a 3 cm.

Cuadro 1. Características externas de las familias de sapos y ranas de la península.
Table 1. External characteristics of families of frogs and toads of the peninsula.

Familia Family	Tímpano evidente Evident tympanus	Membrana interdigital Interdigital membrane	Discos en los dedos Disks on fingers
Rhinophryinidae		Gruesa Thick	-
Microhylidae	+	Gruesa Thick	-
Ranidae	+	Delgada o ausente Thin or absent	-
Bufonidae	+	Gruesa Thick	-
Leptodactylidae	+	Delgada o ausente Thin or absent	+ / -
Hylidae	+	Delgada o ausente Thin or absent	+

"Según el sapo es la pedrada".

Anónimo

"The stone's size should be according to the toad's size."

Anonymous

Size and characteristics of peninsula frogs and toads

Frogs and toads are relatively homogeneous in shape, but they differ widely in their external appearance (Table 1), extremities and sizes (Table 2). The cane toad is without a doubt the largest species. It reaches 14 cm (5.6 in) in length and weighs up to 1.5 k (3.5 lb). On the other extreme, there are four species that are less than 3 cm (1 in) long.

Cuadro 2. Tamaño (cm) comparativo de las ranas y sapos de la península.
Table 2. Comparative size (cm) of peninsula frogs and toads.

Nombre común / Common name	Nombre científico / Scientific name	2	4	6	8	10	12	14
Sapo gigante / Marine toad, cane toad, giant toad	*Bufo marinus*	▓	▓	▓	▓	▓		
Rana verde / Vaillant's frog	*Rana vaillanti*	▓	▓	▓	▓	▓	▓	
Sapo común / Gulf coast toad	*Bufo valliceps*	▓	▓	▓	▓			
Rana arbórea, quech (M) / Veined or pepper tree frog	*Phrynohyas venulosa*	▓	▓	▓	▓			
Rana leopardo / Leopard frog	*Rana berlandieri*	▓	▓	▓	▓			
Ranita Yucateca de casco / Yucatan casque-headed tree frog	*Triprion petasatus*	▓	▓	▓	▓	▓		
Rana trepadora, quech (M) / Common Mexican tree frog	*Smilisca baudinii*	▓	▓	▓	▓			
Rana arbórea, yaxmuch (M) / Red-eyed leaf frog	*Agalychnis callidryas*	▓	▓	▓	▓			
Sapo borracho / Mexican burrowing toad	*Rhinophrynus dorsalis*	▓	▓	▓	▓			
Rana Yucateca / Yucatan rain frog	*Eleutherodactylus yucatanensis*	▓	▓	▓				
Ranita de la hojarasca, -de charco / White-lipped frog	*Leptodactylus labialis*	▓	▓					
Rana arbórea, ranita sonorense / Loquacious tree frog	*Hyla loquax*	▓	▓					
Ranita de la hojarasca / Black-backed frog	*Leptodactylus melanonotus*	▓	▓					
Ranita túngara / Tungara frog	*Physalaemus pustulosus*	▓	▓					
Rana ovejera / Sheep frog	*Hypopachus variolosus*	▓	▓					
Rana amarillenta / Hourglass tree frog	*Hyla ebraccata*	▓	▓					
Rana arbórea, quech (M) / Small-headed, yellow tree frog	*Hyla microcephala*	▓						
Ranita pintada, ranita pintada / Cricket tree frog	*Hyla picta*	▓						
Rana arbórea / Stauffer's tree frog	*Scinax staufferi*	▓						
Ranita triangular / Elegant narrow-mouthed toad	*Gastrophryne elegans*	▓						

Salamandras

Las salamandras pertenecen al Orden Urodela (*uros* = cola). Tienen cola y se parecen superficialmente a las lagartijas, pero carecen de escamas y de garras. Su piel es lisa y glandular y su cola a menudo es aplanada (Figs. 1-5 y 1-6). Generalmente miden menos de 10 cm, aunque algunas especies en Asia llegan a medir hasta 1.5 m. Son muy abundantes en bosques templados.

Cecilias

Las cecilias (*caecum* = ciego del Latín) pertenecen al Orden Apoda (*a* = sin; *podos* = patas). Son anfibios ciegos y sin extremidades que semejan gigantes lombrices de tierra. Tienen un par de pequeños tentáculos en la cabeza que funcionan en la recepción de olores y de tacto. Su cuerpo varía de color rosado a oscuro y está cubierto de escamas dérmicas que se encuentran embebidas en la piel. Miden entre 5 y 75 cm, aunque algunas especies alcanzan hasta un metro y medio. A diferencia de muchos otros anfibios, los machos tienen un órgano copulatorio que utilizan para llevar a cabo la fecundación interna. Aunque en la Península de Yucatán no se ha registrado ninguna cecilia, se han encontrado en las costas del Pacífico y el Golfo en México y en Centroamérica. Sus hábitos subterráneos las hacen difíciles de detectar. Se conocen con el nombre de "dos cabezas", tapalcuas", "tapulcuates". El primer nombre proviene del hecho de que su cuerpo es redondeado en ambos extremos. Los otros nombres son derivados de "tapalculo", por la creencia de que estos anfibios pueden convertirse en tapones humanos. ¡Cuidado!

"Salamandra
bicho negro y brillante
escalofrío del musgo
devorador de insectos
heraldo diminuto del chubasco
y familiar de la centella".

Salamandra, Octavio Paz, México

Fig. 1-5

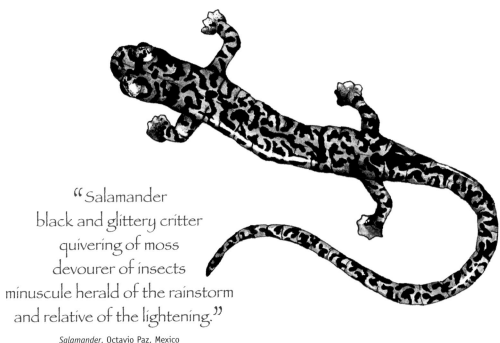

Fig. 1-6

Salamanders

Salamanders belong to the Order Urodela (*uros*=tail). They have tails and resemble lizards superficially, but lack scales and claws. They have smooth, glandular skin and their tails are usually flat (Figs. 1-5 and 1-6). They are generally smaller than 10 cm (4 in). Some species in Asia, however, reach up to 1.5 m (5 ft) in total length! They are very abundant in temperate forests.

Caecilians

Cecilians (*Caecum*=blind from Latin) belong to the Order Apoda (*a*=without; *podos*=feet). They are blind and legless amphibians, which superficially resemble giant earthworms. Their chins possess pairs of small tentacles that function as touch and smell receptors. Their pinkish to dark bodies are covered with embedded dermal scales. Their sizes range between 5 and 75 cm (2 to 36 in) in total length, but some reach up to 1.5 m (5 ft). Unlike many amphibians, caecilians possess a copulatory organ used for internal fertilization. Although no caecilian has been recorded on the Yucatan Peninsula, they have been registered on the Pacific and Gulf coasts of Mexico and Central America. They are difficult to detect because of their burrowing habits. They are known with names like *dos cabezas* (two heads), *tapalcuas,* and *tapulcuates.* The first name comes from the fact that they are rounded at both ends. The other names are derived from *tapalculo* (hole plug), because of the unfounded belief that these amphibians can become human plugs. Beware!

¿Qué nos dice un nombre?

Los nombres comunes de plantas y animales se prestan a mucha confusión. Lo que una gente conoce con un nombre, otra gente lo conoce con otro nombre. Diferentes organismos a veces tienen el mismo nombre. Además, la mayoría de las especies animales y vegetales carecen de nombres comunes. En general, las especies útiles, nocivas, abundantes, conspicuas, etc., son las que han recibido nombres. Los científicos para poder comunicarse alrededor del mundo y distinguir a las especies y entender sus relaciones han ideado un sistema conocido como binomial ya que cada especie posee dos nombres: El nombre genérico (del género) que sería como el apellido (Galindo) y el nombre específico (de la especie) que equivaldría al nombre (Carlos). Cada especie tiene un nombre científico único. Las especies pueden compartir el nombre genérico y esto indica que están relacionadas. Los nombres científicos provienen del latín y del griego y a menudo son el antojo del científico que describió a la especie. Pueden relacionarse a características de la especie, al sitio en donde se encontró, a la persona que la colectó o a cualquier otra cosa.

La mayoría de los anfibios carecen de nombres comunes ya que su pequeño tamaño y su actividad nocturna los hacen poco notables. Muchas especies sólo son conocidas por sus cantos. Para este libro, he seleccionado algunos nombres comunes en español, inglés, algunos de los nombres mayas disponibles y por supuesto, sus nombres científicos.

"Las ranas se habían perfumado
todo el cuerpo, y caminaban en dos pies.
Además, cada una llevaba colgada como
un farolito una luciérnaga que se balanceaba".

"Las medias de los flamencos", *Cuentos de la selva*, Horacio Quiroga, Argentina

What's in a name?

Common names of plants and animals cause much confusion. What is known by one name in one place is known by a different name elsewhere. Often different organisms are known by the same common name. In addition, many plants and animals lack common names. Usually, only useful, harmful, abundant and conspicuous species have common names. To overcome this problem, and understand the relationships between species, scientists have come up with a standardized binomial (two-name) system. In this way they can communicate about the same animals and plants around the world. The generic name (genus) is like the surname (Galindo) and the specific name (species) is like the first name (Carlos). Each species has a unique scientific name. They may share the same generic name, which indicates that they are closely related. The scientific names come from Latin and Greek and are often the whim of the scientist that described the species. They may be related to characteristics of the species, to the site where it was found, to the person that collected it or to anything else.

Most amphibians lack common names since they are small and nocturnal and fairly inconspicuous. Many species are known only by their call. For this book, some common names in Spanish, English and Mayan of the Yucatan have been selected; and, of course, scientific names are provided.

"The frogs were walking on two feet,
wearing perfume all over their bodies.
Each one carried a firefly as a lantern
that moved back and forth."

"The Flamingo's Socks," *Jungle Stories*, Horacio Quiroga, Argentina

Rítmos vítales

L a vida sobre el planeta tiene ritmos. Los ritmos son marcados por el patrón recurrente de las estaciones, los ciclos lunares y el día y la noche. Los ritmos son simples, pero la decisión de bailar al compás es cuestión de vida o muerte.

"Prensado en un bloque de lodo frío,
el sapo se sumerge en el invierno
como una lamentable crisálida. Se despierta en primavera,
consciente de que ninguna metamorfosis se ha operado en él.
Es más sapo que nunca, en su profunda desecación.
Aguarda en silencio las primeras lluvias".

El sapo, Juan José Arreola, México

Al ritmo de la lluvia

Las selvas tropicales se caracterizan por su estabilidad climática. Mientras que en las zonas templadas los extremos de temperatura pueden resultar en inviernos crudos con fuertes nevadas, en las zonas tropicales no existen temperaturas tan extremosas. Los cambios en la lluvia son los que marcan el palpitar anual. Esto es particularmente cierto en las selvas de la península en donde la lluvia se concentra entre los meses de mayo a noviembre. Hacia el final de esta época además de los cotidianos aguaceros, los huracanes del Mar Caribe inundan temporalmente grandes extensiones.

CHAPTER 2

Vital rhythms

L ife on Earth has rhythms. The beats are marked by the recurrent pattern of seasons, moon cycles, and night and day. As simple as the rhythms are, not dancing to them could mean the difference between life and death.

> "Pressed on a block of cold mud,
> the toad spends the winter immersed
> as a lamentable chrysalid. In spring, it wakes up,
> conscious that it has not undergone any metamorphosis.
> In its deep desiccation, it is more toad than ever.
> It awaits the first rains, silently."
>
> *The Toad*, Juan José Arreola, Mexico

The rhythm of the rain

Tropical forests are well known for their stable climate. Temperate regions are characterized by extreme temperatures, which may result in harsh winters and strong snowstorms. In tropical forests, however, there are no extreme temperatures. The rain marks the annual beat. This is particularly true of the peninsula forests where the rainy season occurs between May and November. Towards the end of this season, in addition to the daily showers, the hurricanes from the Caribbean Sea flood large areas temporarily.

A partir de diciembre la lluvia se va haciendo cada vez más escasa dando lugar a la época seca, en donde las altas temperaturas van evaporando poco a poco el agua estancada, hasta que de marzo a mayo, la selva se transforma en un sitio básicamente árido.

Estos ritmos de agua y sequía marcan el compás al cual plantas y animales tienen que bailar. El crecimiento de las plantas, la producción de flores y de frutos, la caída de las hojas, son eventos fuertemente influenciados por estos ritmos. Los ciclos reproductivos de los animales y sus movimientos para conseguir alimentos también son influenciados por lluvia y sequía. Las inundaciones reducen el hábitat de algunas especies y crean barreras que impiden sus movimientos, mientras que para otras, las nuevas zonas inundadas les permiten desplazarse y aprovechar zonas temporalmente inaccesibles. El palpitar creado por la periodicidad de abundancia y escasez de agua es particularmente importante para los anfibios.

> "Al llegar el estío
> se celebraban las bodas del Sol.
> Todos los animales se regocijaban del acontecimiento,
> y las mismas Ranas se mostraban locas de alegría;
> pero una de ellas les dijo: 'Insensatas.
> ¿Por qué os regocijáis tanto?
> El Sol se basta para secarnos todos los pantanos;
> si toma mujer y tienen un hijo que se le parezca
> ¿qué sufrimientos no nos aguardan'"?

"La Queja de las ranas contra el Sol", *Fábulas de Esopo*, Esopo, Grecia

Durante la época seca es difícil encontrar a estos pequeños animales. Cada especie ha encontrado la manera de protegerse y sobrevivir durante esta inhóspita época. Algunas especies se entierran bajo de la hojarasca y del suelo, mientras que otras se refugian arriba de los árboles en las bromelias (plantas de la familia de la piña) o en cavidades que han acumulado el agua de lluvia y representan los únicos lugares húmedos en la temporada seca.

Para protegerse de la desecación, la rana trepadora (*Smilisca baudinii*), produce una envoltura con las capas de piel que va mudando. Entre cada capa de piel muerta hay un espacio relleno con una sustancia mucosa. A diferencia de un impermeable, las capas no dejan salir el agua. Protegidas de esta manera pueden pasar varios meses en lugares áridos.

Tan pronto como empiezan las primeras lluvias se rompe el silencio de las noches y se escuchan los primeros cantos provenientes de charcos, arbustos y árboles. Conforme avanza la época de lluvias, cada día se hace más evidente la presencia de sapos y ranas, así como de renacuajos. En ocasiones, durante o después de fuertes lluvias se pueden encontrar cientos o miles de ranas o sapos cruzando las carreteras al dispersarse.

From December on, the rains decrease and the dry season begins. The flooded areas dry up as high temperatures increase evaporation. During the spring, from March to May, the forest basically becomes arid.

These rhythms of water and drought are the beats to which plants and animals have to dance. Plant growth, flower and fruit production and the falling of the leaves are all strongly influenced by these rhythms. Rain and drought also influence the reproductive cycles of animals and their movements to find resources. Flooding reduces habitats for some species and becomes a barrier to their movements. In turn, other species take advantage of the flooding and are able to disperse and use areas that were not accessible during the dry season. The seasonal beats of water abundance and scarcity are particularly important for amphibians.

> "With the arrival of the dry season,
> the Sun's wedding was celebrated.
> All the animals rejoiced with the event and
> even the frogs were very happy,
> but one of them said: 'Fools.
> Why do you rejoice so much?
> The Sun is enough to dry all the marshes,
> and if it gets married and has a child like him,
> how much suffering awaits us?'"

"The Frogs' Complaint Against the Sun," *Aesop's Fables*, Aesop, Greece

During the dry season, amphibians are hard to find. Each species has different ways of protection and survival during this difficult season. Some species burrow underground and under leaf litter while others seek refuge up in the trees, in bromeliads (plants in the pineapple family) or tree holes that store water from the rains. These are some of the only sites that retain enough humidity during the dry season.

To avoid drying up, the tree frog (*Smilisca baudinii*) retains a series of skin molts with a mucous substance that fills up the space in between every layer. This reversed raincoat prevents water loss and the frog can spend up to several months in arid areas.

As soon as the first rains break the silence of the nights, the first songs begin to be heard coming from the pools, shrubs and trees. Every day while the rainy season advances, the presence of toads and frogs, as well as tadpoles, becomes more and more evident. Sometimes during and after heavy rains, hundreds or thousands of frogs and toads can be seen trying to cross the highways.

Al ritmo de la noche

Durante la época de lluvia los anfibios son fáciles de localizar. Sin embargo otro ritmo tiene gran influencia sobre su actividad: el día y la noche. La mayoría de los anfibios son más activos durante la noche que durante el día, particularmente si la noche es lluviosa. Al anochecer, sapos, ranas y salamandras salen de sus refugios en busca de alimento, compañía o ambos.

Al ritmo de la luna

Si bien la oscuridad de la noche les proporciona protección, algunas noches son más oscuras que otras. Cada mes a medida que la luna se va llenando, la actividad de los anfibios disminuye. La gran iluminación de las noches de luna llena o casi llena, aumenta el riesgo de los anfibios de convertirse en la cena de algún hambriento depredador. Bajo la luz de la luna es más fácil detectarlos. Además la luna no aparece en el cielo a la misma hora todas las noches, sino que va cambiando de acuerdo a su fase. Antes de la fase de luna llena, aparece más temprano, mientras que después de esa fase, aparece más tarde. Estos cambios seguramente influencian la actividad de los anfibios.

"Sapo de la noche, sapo cancionero
que vives trovando junto a tu laguna
tenor de los charcos, grotesco trovero
que estas embrujado de amor por la luna.

Tu te sabes feo, feo y contrahecho
por eso de día tu fealdad ocultas
y de noche cantas tu melancolía
y suena tu canto como letanía".

"Sapo cancionero", Jorge Hugo Chagra y Nicolás Toledo, Argentina

The rhythm of the night

During the rainy season months, amphibians are easier to find. There is another rhythm, however, that greatly influences their activity: day and night. Most amphibians are more active during the night than during the day, particularly on rainy nights. At dusk, frogs, toads and salamanders leave their refuge to seek food, company or both.

The rhythm of the moon

Although amphibians are protected by the night's darkness, some nights are darker than others. Each month, as the moon is waxing, amphibian activity diminishes. The brightness produced by full or near-full moons increases the risk that amphibians will end on the dinner plate of a hungry predator. They are easier to detect by moonlight. The moon does not appear in the sky at the same time every night, but changes in relation to its phase. Before becoming full, the moon rises earlier, whereas after this phase, it rises later. All these changes influence amphibian activity.

"Nightly toad, singing toad
living by the lagoon while singing
tenor of the ponds, grotesque singer
bewitched of love for the moon.

"You know you are ugly and hunchbacked
hiding your ugliness during daylight
and singing your melancholy at night
your song sounds like a prayer."

Singing Toad, Jorge Hugo Chagra and Nicolas Toledo, Argentina

¿Dónde viven?

A pesar de la fuerte dependencia al agua durante su vida adulta, los anfibios de la península muestran diversos tipos de hábitos. Muchas especies de varias familias (Bufonidae, Leptodactylidae, Ranidae y Microhylidae), son fundamentalmente terrestres, es decir, pasan su vida adulta en el piso de la selva.

Las salamandras y las ranas de la familia Hylidae, con la punta de los dedos modificada en discos adhesivos, tienen hábitos arbóreos. Esta familia incluye casi a la mitad de las especies de anfibios de la península. Varias de ellas han sido registradas viviendo arriba de los árboles en bromelias.

> "Nadie sabe dónde vive,
> nadie en su casa lo vio,
> pero todos escuchamos
> al sapito, glo, glo, glo…

Finalmente, un par de especies de dos familias (Microhylidae y Rhinophrynidae) muestran hábitos excavadores (ver Cuadro 3, pág. 23).

Inquilinos del vecindario

Muchas de las especies de ranas y sapos de la Península de Yucatán viven en el suelo. Se refugian bajo el pasto, las ramas y los troncos caídos y entre las rocas. Es fácil encontrarlas alrededor de las aguadas. Muchas ranas tienen extremidades desarrolladas que les permiten brincar grandes distancias para escapar de los peligros, mientras que los sapos se protegen con sus glándulas venenosas.

CHAPTER 3

Where do they live?

Despite their need to be moist, peninsula amphibians are found in a variety of habitats during their adult stage. Many species of several families (Bufonidae, Leptodactylidae, Ranidae and Microhylidae) are basically terrestrial. They spend their adult life on the forest floor.

Salamanders and Hylid frogs with disk-shaped fingertips are arboreal (tree dwellers). This family of frogs includes almost half of the amphibian species of the Yucatan Peninsula. Several have been recorded living in the trees inside bromeliads.

Finally, members from two families (Microhylidae and Rhinophrynidae) spend a great amount of time buried in the ground; they are known as fossorial (see Table 3, page 23).

> "Nobody knows where it lives,
> nobody has seen it at home,
> but we all can hear
> the little toad, glo, glo, glo...

Neighborhood dwellers

Many species of frogs and toads in the Yucatan live on the ground. They seek refuge in the vegetation, under logs and fallen branches and among rocks. It is easy to find some of them around ponds. Many frogs have developed long legs that allow them to jump away from danger, while toads primarily rely on their toxic glands for protection.

Fig. 3-1

Inquilinos del sótano

Algunas especies, como el sapo borracho, se escapan de de las sequías, enterrándose bajo el suelo. Estas especies en general tienen un cuerpo rechoncho, cabeza ancha y piernas cortas. Muchas de las especies con este hábito poseen unas modificaciones espinosas en las patas que les ayudan a enterrarse (Fig. 3-1).

" ¿Vivirá en la chimenea?
¿dónde diablos se escondió?
¿dónde canta cuando llueve,
el sapito, glo, glo, glo?

Inquilinos de la azotea

Durante la época seca, los anfibios buscan refugio en sitios húmedos, ya sea bajo tierra, en huecos de árboles o en bromelias que captan y mantienen agua. En general, las especies arbóreas, tienen cuerpo y extremidades delgadas y se mueven lentamente. En la Península de Yucatán, una de las epífitas más importantes como refugio es la bromelia *Aechmea bracteata*, muy abundante en las selvas inundables o bajos. Esta planta de la familia de la piña, con hojas de hasta ι m de largo, y con una flor roja muy llamativa, mantiene gran cantidad de humedad y funciona como condominio. Aloja a una variedad muy amplia de huéspedes, incluyendo larvas de mosquitos, libélulas, colonias de insectos como hormigas y termitas, además de alacranes, ranas y salamandras, entre otros. Varias de las ranas de la península pasan la época seca refugiadas a 5 ó 10 m de altura en la humedad que esta planta proporciona (ver Cuadro 3, pág. 23).

" ¿Vive acaso en la azotea?
¿se ha metido en un rincón?
¿está abajo de la cama?
¿vive oculto en una flor?

"Nadie sabe donde vive,
nadie en la casa lo vio,
pero todos escuchamos
cuando llueve, glo, glo, glo".

"El sapito glo, glo, glo",
José Sebastián Tallón, México

Las patas de las ranas y sapos delatan algunos de sus sitios preferidos. Algunas especies presentan espinas en las patas que utilizan para enterrarse (Fig. 3-1). Otras especies tienen discos en la punta de los dedos que les sirven para trepar a bastante altura en superficies lisas (Fig. 3-2). Las especies que viven en hábitats acuáticos y son buenas nadadoras, tienen una membrana bien desarrollada entre los dedos (interdigital). Esta membrana está menos desarrollada o completamente ausente en las especies con hábitos más terrestres (ver Fig. 3-3, pág. 22).

Basement dwellers

Some species, like the Mexican burrowing toad, escape droughts by burrowing underground. Burrowing species often have a chubby body, wide head and short legs. In several species the legs are adapted to facilitate burrowing—they have digging spurs on their feet (Fig. 3-1).

"Does it live in the chimney?
where the hell does it hide?
where does it sing while it rains
the little toad, glo, glo, glo?

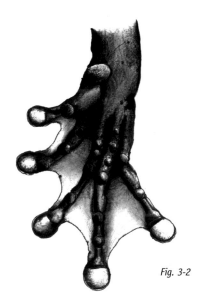

Fig. 3-2

Roof dwellers

During the dry season, amphibians seek refuge in moist sites. They burrow underground and use hollow trees or tank bromeliads that hold water. In general, arboreal species have a slender body with long, thin legs, and they move slowly. In the Yucatan Peninsula, one of the most important refuges for frogs is the bromeliad *Aechmea bracteata*, a common epiphyte in flooded forests. This epiphyte is related to pineapples. It grows up to 1 m (3 ft) in size, has bright red flowers, provides a very humid environment and functions as a condominium. It provides lodging to a variety of invertebrates, including mosquito larvae, dragonflies, ant and termite colonies and scorpions, as well as frogs and salamanders. Several species of frogs spend the dry season hiding 10 to 15 m high (30 to 45 ft) in the humid environment of this bromeliad (see Table 3, page 23).

"Does it live in the back yard?
has it gone into a corner?
is it under the bed?
does it hide inside a flower?

By looking at the feet of toads and frogs we can figure out some of their preferred places to hang out. Some species have spurs in their feet that are used to bury themselves (Fig. 3-1). Other species have disks at the tip of their fingers, which are used to climb on smooth surfaces to great heights (Fig. 3-2). Those species that live in aquatic habitats and are good swimmers have a well-developed membrane between their toes (interdigital). This membrane is less developed or completely absent in species with more terrestrial habits (see Fig. 3-3, page 22).

"Nobody knows where it lives,
nobody has seen it at home,
but we all can hear
when it rains, glo, glo, glo."

"The Little Toad glo, glo, glo,"
José Sebastián Tallón, Mexico

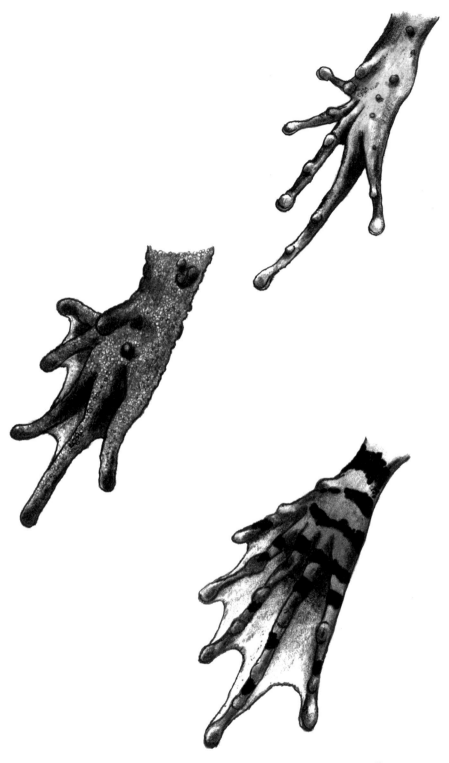

Fig. 3-3

Cuadro 3. Hábitos de los sapos, ranas y salamandras de la Península de Yucatán. El paréntesis alrededor del autor y la fecha en que se describió a la especie, indica que el nombre original dado a la especie ha cambiado.

Table 3. Habits of frogs, toads and salamanders of the Yucatan Peninsula. The parenthesis surrounding the author name and date when species was described, indicates that the species name has changed.

Familia Family	Nombre común Common name	Nombre científico Scientific name	Terrestre Terrestrial	Arbóreo Arboreal	Excavadora Fossorial
Plethodontidae	**Salamandra** Salamander	*Bolitoglossa mexicana* Duméril, Bibron & Duméril 1854	✔	✔*	✔
Plethodontidae	**Salamandra de Yucatán, salamanquesa** Yucatán salamander	*Bolitoglossa yucatana* (Peters 1882)	✔	✔*	✔
Bufonidae	**Sapo común, much (M)** Gulf coast toad	*Bufo valliceps* Wiegmann 1833	✔		
Bufonidae	**Sapo gigante, bezmuch, totmuch (M)** Marine toad, cane toad, giant toad	*Bufo marinus* (Linnaeus 1758)	✔		
Rhinophrynidae	**Sapo borracho, uo much (M)** Mexican burrowing toad	*Rhinophrynus dorsalis* Duméril & Bibron 1841			✔
Leptodactylidae	**Ranita de la hojarasca, rana del sabinal** Black-backed frog	*Leptodactylus melanonotus* (Hallowell 1861)	✔		
Leptodactylidae	**Rana, rana Yucateca** Yucatan rain frog	*Eleutherodactylus yucatanensis* Lynch 1965	✔		
Leptodactylidae	**Ranita de la hojarasca, ranita de charco** White-lipped frog	*Leptodactylus labialis* (Cope 1877)	✔		
Ranidae	**Rana leopardo** Leopard frog	*Rana berlandieri* Baird 1859	✔		
Ranidae	**Rana verde** Vaillant's frog	*Rana vaillanti* Brocchi 1877	✔		
Microhylidae	**Sapito, ranita triangular** Elegant narrow-mouthed toad	*Gastrophryne elegans* (Boulenger 1882)	✔		
Microhylidae	**Rana manglera, rana ovejera, chachmuch (M)** Sheep frog	*Hypopachus variolosus* (Cope 1866)	✔		✔
Hylidae	**Ranita túngara** Tungara frog	*Physalaemus pustulosus* (Cope 1864)	✔		
Hylidae	**Rana arbórea** Stauffer's tree frog	*Scinax staufferi* (Cope 1865)		✔*	
Hylidae	**Rana arbórea, yaxmuch (M)** Red-eyed leaf frog	*Agalychnis callidryas* (Cope 1862)		✔*	
Hylidae	**Rana arbórea, quech (M)** Veined or pepper tree frog	*Phrynohyas venulosa* (Laurenti 1768)		✔*	
Hylidae	**Rana trepadora, quech (M)** Common Mexican tree frog	*Smilisca baudinii* (Dumeril & Bibron 1841)		✔*	
Hylidae	**Rana arbórea, ranita sonorense** Loquacious tree frog	*Hyla loquax* Gaige & Stuart 1934		✔*	
Hylidae	**Rana amarillenta** Hourglass tree frog	*Hyla ebraccata* Cope 1874		✔	
Hylidae	**Rana arbórea, ranita pintada** Cricket tree frog	*Hyla picta* (Gunther 1901)		✔*	
Hylidae	**Rana arbórea, quech (M)** Small-headed or yellow tree frog	*Hyla microcephala* Cope 1886		✔*	
Hylidae	**Ranita Yucateca de casco** Yucatan casque-headed tree frog	*Triprion petasatus* (Cope 1865)		✔*	

* Registrados en bromelias / *Recorded in bromeliads.* (M) = nombre maya / *Mayan name.*

Tenores, barítonos y bajos

El canto es una de las características más conocidas de las ranas y los sapos. De hecho, mucho antes que el canto de las aves, el canto de las ranas fue el primer sonido producido por un vertebrado en tierra. Ranas y sapos usan el canto para atraer pareja, indicar el territorio y expresar alarma. Los órganos que producen el sonido están mejor desarrollados en los machos que en las hembras. Además, sólo los machos poseen sacos vocales que producen mayor resonancia al canto.

> " Este era un sapito que feliz vivía
> debajo de un puente donde un charco había.
> Y a Dios le pedía de buena manera
> pa' que le mandara una compañera
> tura, tura, tura, tura, cuas, cuas, cuas
> ñaquí, ñaquí, ñaquí, ñaquí ña ".
>
> Canción popular, México

Las hembras obtienen mucha información de las vocalizaciones que producen los machos para atraerlas. Cada especie tiene una vocalización particular, que atrae a individuos de la misma especie. Los cantos varían desde aquéllos con una sóla nota, una sóla nota repetida, hasta dos o más notas diferentes. Algunas ranas tienen cantos con dos notas, la primera nota está dirigida a los machos, mientras que la segunda está dirigida a las hembras (ver "El precio de la fama", pág. 32).

CHAPTER 4

Tenors, baritones
and basses

The calls of frogs and toads are some of their most distinguishing characteristics. Long before birds appeared and began singing, frog and toad songs, or calls, were the first sound produced by any land vertebrate. Frogs and toads use their calls to attract mates, to mark territories and to communicate alarm. The organs responsible for sound production are better developed in males than in females. Only males have vocal sacs, which enhance sound resonance.

"Once upon a time, there was a happy toad
who lived in a puddle under a bridge.
He used to politely ask God
to send to him a girlfriend
tura, tura, tura, tura, cuas, cuas, cuas,
ñaquí, ñaquí, ñaquí, ñaquí, ña."

Popular song, Mexico

The sounds produced by males convey a lot of information to females. Each species has a particular vocalization that attracts individuals of the same species. Calls may consist of a single note, a repeated note, or two or more distinct notes. Some frogs have calls composed of two notes; the first note is directed to males, whereas the second note is directed to females (see "The price of fame," page 33).

En algunas ranas la complejidad del canto se modifica con la situación. El canto es diferente si se encuentran en un coro de ranas o si un macho o una hembra se acercan. En algunas especies las hembras también emiten sonidos de menor intensidad para establecer contacto con los machos. Ambos sexos emiten vocalizaciones para soltarse del abrazo del sexo opuesto después de la cópula, o para separarse del erróneo abrazo de un miembro del mismo sexo. Varias especies emiten llamadas de alarma cuando son atrapadas por depredadores. Estas llamadas alertan a otros depredadores que se acercan al lugar de la acción y, en ocasiones, las ranas pueden liberarse en la confusión creada.

El instrumento musical

El canto de las ranas y sapos es producido por el aire forzado que sale de los pulmones y pasa por las cuerdas vocales en la laringe y de ahí al saco vocal en la garganta que se infla como un globo, modificando y amplificando el sonido. En la mayoría de las especies el saco vocal es un sólo globo debajo de la boca (Fig. 4-1), pero algunas especies presentan un doble globo (Figs. 4-2 y 4-3). El saco vocal está presente en los machos de las especies en las que el canto es importante. Debido a la amplificación del sonido por el saco vocal los cantos de algunas ranas pueden escucharse hasta más de un kilómetro de distancia.

"En su oboe minúsculo rebalsa haciendo gárgaras el chorro del crepúsculo".

"El sapo", Flavio Herrera, Guatemala

El cantante

De la misma forma que otros sonidos, los cantos de ranas y sapos se caracterizan por tres cualidades: volumen, —que tan fuerte es; tono —que tan alta o baja la nota es; y el timbre —el color del sonido. El volumen del sonido depende de la amplitud de las vibraciones y se mide en decibeles (dB). Los decibeles se miden en una escala logarítmica, es decir, cada unidad es diez veces más grande que la anterior (1, 10, 100, 1000, etc.). Cuando hablamos normalmente, nuestra voz produce entre 40 y 60 dB (ver Cuadro 4, pág. 30). La intensidad del canto de la rana túngara a 50 cm de distancia (90 dB) es similar a la del ruido de un camión pesado a 15 m de distancia. Las ranas con cantos fuertes producen sonidos entre 90 y 120 dB.

Fig. 4-1

"Dulces, sonoras, roncas ranas,
siempre quise ser rana un día,
siempre amé la charca,
las hojas delgadas como filamentos,
el mundo verde de los berros
con las ranas dueñas del cielo".

Bestiario, Pablo Neruda, Chile

In some species, call complexity changes depending on the situation. The call may change if the frog is in a choir or if a male or female is approaching. In some species, females produce lower intensity sounds to establish contact with males. Both sexes produce sounds to release themselves from the embrace of the opposite sex after fertilization or when mistakenly embraced by a same-sex partner. Several species

Fig. 4-2

produce distress calls when predators catch or startle them. These distress calls attract other predators, and, upon occasion, the frog may escape during the confusion.

The musical instrument

Frog and toad calls are produced as air is forced out of the lungs and through the vocal cords in the larynx. Sound is modified and amplified as it passes through the vocal sac in the throat. When full of air, the vocal sac resembles an inflated balloon. In most species, the vocal sac is a single balloon under the mouth (Fig. 4-1), but some species have a double balloon (Figs. 4-2 and 4-3). In those species in which calls play an important role, vocal sacs are well developed in males. In some frogs, the call can be heard more than a kilometer away.

> "In his tiny oboe
> the sunset spurts
> overflowing in gargles."
>
> "The Toad," Flavio Herrera, Guatemala

The singer

Like other sounds, frog and toad calls are characterized by three qualities: volume—how loud it is; pitch—how high or low the note is; and timbre—the "color" of the sound. Volume depends on the amplitude of vibrations and is described in decibels (dB). Decibels are measured on a logarithmic scale; that is, each unit is ten times higher than the previous one (1, 10, 100, 1000, etc.). When we talk, our voices produce between 40 and 60 dB (see Table 4, see page 30). The call intensity of the tungara frog at 50 cm (20 in) distance is 90 dB, similar to that of a heavy truck 15 m (50 ft) away. Frogs with loud songs produce sound between 90 and 120 dB.

> "Sweet, sonorous, husky-voiced frogs!
> I always wanted to be a frog for one day,
> always loved the pond,
> the leaves fine as filaments,
> the green world of the watercress
> where the frogs are masters of the sky."
>
> *Bestiary*, Pablo Neruda, Chile

Fig. 4-3

El tono depende de la velocidad o frecuencia de las vibraciones. Hay tonos altos (agudos) como el de las cantantes sopranos y de los niños chillones y tonos bajos (graves) como el de las cantantes contraltos. La unidad de medida de la frecuencia es el Hertz (Hz). Un Hertz equivale a la frecuencia de un fenómeno que se repite cada segundo.

En general las especies de sapos y ranas de menor tamaño producen vocalizaciones de frecuencia más alta que las especies de mayor tamaño. Por ejemplo, las ranitas arbóreas (*Hyla picta*, *Hyla microcephala*) de aproximadamente 2 cm de tamaño producen frecuencias de 3,800 a 7,000 Hertz, mientras que el sapo gigante (*Bufo marinus*) y la rana leopardo (*Rana berlandieri*) de entre 8 y 15 cm de tamaño producen frecuencias entre 500 y 800 Hz (ver Cuadro 6, pág. 31).

La mayoría de las ranas y sapos producen llamadas por debajo de los 5,000 Hz. Ya que nuestro rango audible es de 800 a 2,500 Hz, no somos capaces de escuchar algunos de los sonidos más bajos y más altos producidos por las ranas y sapos. La nota más baja que el oído humano puede percibir oscila entre diecisiete y treinta veces por segundo mientras que la más alta oscila 20,000 veces por segundo. Las serpientes tienen un rango auditivo de 100 a 200 Hz, por lo que viven en un mundo auditivo completamente diferente al de los anfibios. Por su parte, los perros, murciélagos, musarañas y otros animales perciben sonidos con frecuencias mucho más altas (ver Cuadro 5, pág. 30).

El timbre está relacionado a la combinación particular de ondas de diferentes amplitudes que el sonido tiene. El timbre permite distinguir entre instrumentos tocando al mismo tono y volumen. Aunque la mayoría de los sonidos producidos por sapos y ranas se consideran simples, están constituidos por diferentes ondas o armónicos, que son frecuencias relacionadas que les dan riqueza.

Los coros de ranas: ¿Por qué no se vuelen solistas?

Si algunos depredadores pueden detectar a los escandalosos coros de ranas ¿por qué no se vuelven solistas? Algunos investigadores han propuesto que en las congregaciones se reduce el riesgo de ser atacado. En este caso, "más vale mal acompañado que solo".

> "Nosotros los shuar, cuando bailamos,
> nos emborrachamos y de
> borrachos sabemos cantar.
> Los sapos hacen lo mismo".
>
> Cuento de Tsenkush "fruta" relatado por Pauch "sapo" (Shuar), Ecuador

En varias especies, se han observado machos que permanecen silenciosos, con perfil y postura bajos simulando que no existen, cerca de los machos que cantan. Al parecer este comportamiento de los machos "satélites" tiene como objetivo esperar a que el territorio se desocupe una vez que el dueño se haya reproducido. Sin embargo, si tienen suerte, pueden interceptar a alguna hembra atraída por los cantos de sus compañeros.

Pitch depends on the frequency or speed of vibrations. Some tones are high tones (acute) such as those produced by tenors and crying babies and others low tones like those of bass singers. The unit of measurement of frequency is the Hertz (Hz). One Hertz is equivalent to a frequency of an event that is repeated every second.

In general, frogs and toads of small size produce sounds with higher frequencies than larger species. For example, the two-centimeter-long (one-inch) tree frogs (*Hyla picta*, *Hyla microcephala*) produce frequencies of 3800 to 7000 Hz, whereas the cane toad (*Bufo marinus*) and the leopard frog (*Rana berlandieri*), 8 to 15 cm (3 to 6 in) in size, produce frequencies between 500 and 800 Hz (see Table 6, see page 31).

Most frogs and toads produce sounds less than 5000 Hz. Since our sound perception ranges between 800 and 2500 Hz, we are unable to hear the lower and higher sounds produced by frogs and toads. The lowest note that the human ear can perceive oscillates between sixteen and thirty times per second. The highest note oscillates 20,000 times per second. Snakes have a sound perception range between 100 to 200 Hz, and therefore live in a completely different sound world than amphibians. Other animals such as dogs, bats, and shrews can hear much higher frequencies (see Table 5, page 30).

Timbre or tone color is related to the particular combination of waves at different amplitudes that a sound has. The timbre allows you to distinguish between instruments playing the same pitch at the same volume. Although most sounds produced by frogs and toads are considered simple, they are made up of harmonics, which are related frequencies that confer richness to sounds.

Frog choirs: Why do they sing together?

If predators easily detect noisy choirs, why don't frogs start a solo career? Some researchers claim that predation risk is lower in a crowd. In this case, it is better to be in bad company than alone.

> *"When we the Shuar dance,*
> *we get drunk, and once drunk*
> *we are good singers.*
> *Toads do the same."*
>
> Story of Tsenkush "Fruit" told by Pauch "Toad" (Shuar), Ecuador

In many species, some males quietly position themselves inconspicuously near a singing male and pretend not to be noticed. These "satellite" males are waiting for a territory to be vacated once the owner has reproduced. However, they may also intercept a female attracted by the songs of the calling male.

Cuadro 4. Comparación de sonidos de diversas intensidades.

Table 4. Comparison of different sound intensities.

Intensidad Intensity (dB)	Fuente Source	Canto de las ranas Frog calls
0	**Límite auditivo del humano** Limit of human hearing	
10	**Hojas de árbol moviéndose** Tree leaves rustling	
20	**Murmullo suave** Soft whisper	
30	**Ronroneo de gato** Cat purr	
40	**Voz humana normal** Normal human voice	
50	**Pájaro cercano** Nearby bird	♪
60	**Aullido de lobo a distancia** Wolf howl at a distance	♪
70	**Ladrido de perro** Dog bark	♪
90	**Rugido de león** Lion roar	♪
110	**Trueno** Thunder	♪

Cuadro 5. Rangos de frecuencia auditiva de varios animales (Hz).

Table 5. Auditive frequency ranges of several animals (Hz).

Hz	20	50	100	200	500	1,000	2,000	5,000	10,000	20,000	50,000	100,000
Ballenas Whales	█	█	█	█	█	█	█	█	█	█	█	█
Peces Fish	█	█	█	█	█	█	█	█	█	█	█	█
Humanos Humans	█	█	█	█	█	█						
Murciélagos Bats						█	█	█	█	█	█	█
Roedores Rodents						█	█	█	█	█	█	█
Polillas Moths				█	█	█	█	█	█	█	█	█
Aves Birds				█	█	█	█	█	█			
Grillos Crickets				█	█	█	█	█				
Ranas Frogs			█	█	█	█						

Cuadro 6. Características de las frecuencias y sonidos de los cantos de sapos y ranas de la península.

Table 6. Frequency and sound characteristics of the peninsula frog and toad calls.

Hertz	Canto Call	Nombre común Common name	Nombre científico Scientific name
5200 - 5300	*criiic-iic-iic*	**Ranita pintada** Cricket tree frog	*Hyla picta*
3800 - 7000	*criii-iic-iic*	**Rana arbórea** Small-headed or yellow tree frog	*Hyla microcephala*
2900 - 3300	*naaaa*	**Ranita triangular** Elegant narrow-mouthed toad	*Gastrophryne elegans*
2750	*beeee*	**Rana ovejera** Sheep frog	*Hypopachus variolosus*
2300-2700	*criii-cric-cric-cric*	**Rana amarillenta** Hourglass tree frog	*Hyla ebraccata*
2400	*uonk-uonk-uonk*	**Rana trepadora** Common Mexican tree frog	*Smilisca baudinii*
2200 - 2500	*grrraaack*	**Rana arbórea** Veined or pepper tree frog	*Phrynohyas venulosa*
2100 - 2300	*cuac-cuac-cuac*	**Ranita Yucateca de casco** Yucatán casque-headed tree frog	*Triprion petasatus*
2080 - 3900	*ah-ah-ah-ah*	**Rana arbórea** Stauffer's tree frog	*Scinax staufferi*
1800 - 2000	*grrrr grrrr grrrr*	**Sapo común** Gulf coast toad	*Bufo valliceps*
1800	*tuc-tuc-tuc-tuc*	**Ranita de la hojarasca** Black-backed frog	*Leptodactylus melanonotus*
1700 - 1900	*choc*	**Rana arbórea** Red-eyed leaf frog	*Agalychnis callidryas*
1000 - 2000	*juit juit juit*	**Ranita de la hojarasca** White-lipped frog	*Leptodactylus labialis*
1000	*cric-cric*	**Rana verde** Vaillant's frog	*Rana vaillanti*
900	*caaac*	**Rana arbórea** Loquacious tree frog	*Hyla loquax*
900	*tún-gara*	**Ranita túngara** Tungara frog	*Physalaemus pustulosus*
650 - 800	*purrrr purrrr purrrr*	**Sapo gigante** Marine toad, cane toad, giant toad	*Bufo marinus*
500 - 600	*crac crac*	**Rana leopardo** Leopard frog	*Rana berlandieri*
250 - 500	*uuuuuoo*	**Sapo borracho** Mexican burrowing toad	*Rhinophrynus dorsalis*
Desconocido	Unknown	**Rana de Yucatán** Yucatán rain frog	*Eleutherodactylus yucatanensis*

El público

Las ranas y sapos tienen un sistema receptor de sonidos complejo y único entre los vertebrados. El receptor de las ondas de sonido es el tímpano, membrana delgada sin glándulas que funciona como oído externo. En muchas especies es fácil de identificar. Tiene forma circular y se encuentra por detrás de los ojos y arriba de la boca. Al moverse el tímpano transmite las vibraciones a la columnela, un huecesillo del oído medio, que a su vez las transmite a los fluidos del oído interno. Dentro del oído interno hay dos receptores auditivos. Estos receptores captan diferentes frecuencias. Uno recibe frecuencias mayores a 1,000 Hz y el otro recibe las menores. Las ranas son capaces de desactivar el sistema de baja frecuencia y utilizar el de alta frecuencia, para percibir la información específica de los cantos territoriales o de atracción.

> "La oscuridad cayó y cuando la muchacha
> despertó de su inconciencia,
> escuchó a la rana afuera
> que cantaba maravillosas y dulces melodías".

La rana encantada, Carl Theodor Colshorn, Alemania

La propagación del sonido varía de acuerdo al medio. En el agua el sonido viaja cinco veces más rápidamente que en el aire. La velocidad del sonido en el agua es de 1,500 metros por segundo, mientras que en el aire es de 230 metros por segundo. Los anfibios tienen que ajustar su oido a estas extraordinarias diferencias.

El precio de la fama

No todo es diversión en la farándula. Para desgracia de los machos, atraer hembras no es barato. El canto es costoso en dos sentidos. La energía invertida en su producción los hace perder peso. La cantidad de oxígeno consumido cuando cantan puede ser mayor a la que consumen cuando saltan. Además, los cantos de las ranas y sapos no sólo atraen a las hembras. También atraen a los hambrientos depredadores. Para mapaches, tlacuaches y murciélagos el canto de ranas y sapos significa que la mesa está puesta. Los murciélagos raneros (*Trachops cirrhosus*) son capaces de reconocer los cantos de diferentes especies y aún la variación en los cantos de su alimento favorito: la rana túngara (*Physalaemus pustulosus*).

Los machos de la rana túngara producen un canto que incluye dos tipos de sonidos: un gemido (*tún*) y un chasquido (*gara*). Generalmente, sólo producen un gemido pero pueden producir varios chasquidos (*gara, gara, gara*). Cuando están solos los machos utilizan el gemido, pero cuando están en un coro añaden los chasquidos. Las hembras son atraídas por los gemidos, pero prefieren cantos que incluyen chasquidos. Los machos que producen chasquidos aumentan su habilidad de atraer a las hembras. Sin embargo, al igual que las hembras, al murciélago ranero, también le gustan los cantos con chasquidos.

The audience

Frogs and toads possess a complex sound reception system unique among vertebrates. Sound waves are received by the eardrum, a thin membrane with no glands that functions as an external ear. It is easy to identify in many species, being circular and located behind the eyes and above the mouth. When the eardrum is moved by sound, it transmits the vibrations to the columella, a tiny bone in the middle ear, which in turn sends the vibrations to the fluids of the internal ear. Inside the internal ear there are two auditory receptors. They are sensitive to different frequencies. One receptor is sensitive to frequencies above 1000 Hz and the other is sensitive below that range. Frogs can turn off the low-frequency system and use only the high-frequency system to perceive specific information on territorial or mating calls.

> "Darkness fell, and after the maiden had
> awakened from her unconsciousness,
> she heard the frog outside
> singing wonderfully sweet melodies."
>
> *The Enchanted Frog*, Carl Theodor Colshorn, Germany

Sound travels at different speeds according to the medium in which it is produced. It travels five times faster in water than in air. The speed of sound in water is almost 1500 m (almost one mile) per second, while in air it is 230 m (750 ft) per second. Amphibians have to adjust their hearing to these extraordinary differences.

The price of fame

Not everything is fun in the hall of fame. Unfortunately, enticing females is not cheap. Singing is costly in two ways. First, singing requires so much energy that it may cause frogs to lose weight. Oxygen consumption is often higher during singing than during leaping. Second, frog and toad calls do not only entice females. They also attract the interest of hungry predators. For raccoons, possums and bats, frog and toad calls mean dinner is ready. The frog-eating bat (*Trachops cirrhosus*) recognizes the calls of different species and even variations in the calls of their favorite meal: the tungara frog (*Physalaemus pustulosus*).

Tungara frog males produce a call with two types of sounds: a whine (*tun*) and a chuck (*gara*). In general, they only produce one whine, but there can be several chucks (*gara, gara, gara*). When males are calling alone they produce only the whine, but when they are in a choir they add chucks. Females are attracted by whines but prefer calls with chucks. Males that include chucks in their songs increase their ability to attract females. However, frog-eating bats also share the preference of female frogs; they like their calls with chucks.

En las noches de luna llena, las ranas y sapos pueden cantar en lugares descubiertos ya que detectan fácilmente a los murciélagos y éstos no son muy activos. Sin embargo, en las noches sin luna, ranas y sapos cantan desde lugares protegidos. Los murciélagos, son demasiado buenos usando el oído.

"Un día observó que lo que más admiraban de ella era su cuerpo,
especialmente sus piernas, de manera que se dedicó a
hacer sentadillas y a saltar para tener unas ancas
cada vez mejores, y sentía que todos le aplaudían.
Y así seguía haciendo esfuerzos, hasta que, dispuesta a cualquier
cosa para lograr que la consideraran una Rana auténtica,
se dejaba arrancar las ancas, y los otros se las comían,
y ella todavía alcanzaba a oír con amargura cuando decían,
'Que qué buena Rana, que parecía Pollo' ".

"La rana que quería ser una Rana Auténtica", *Cuentos*, Augusto Monterroso, Guatemala

A buen entendedor, pocas palabras

No todas las especies de ranas producen cantos. Algunas especies en Australia, Borneo y Panamá, que viven en arroyos en donde el nivel de ruido es muy alto, han recurrido a otra estrategia. Estas ranas saltan repetidamente y mueven sus brazos y piernas como si estuvieran saludando a alguien a distancia. Y efectivamente, eso es lo que hacen para atraer la atención de las hembras ya que el canto sería poco efectivo en estas condiciones.

"Nosotros los niños de la fuente y del lago,
Levantemos
Nuestro sonoro coro, como las flautas que resuenan,
Nuestra sinfonía de canciones con voz clara.
La canción que amabamos en el pantano de arriba".

Las ranas, Aristófanes, Grecia

During full moon nights, frogs and toads can call in open places, because they can see bats easily. Bats, in turn, are not very active during these nights. On the night of a new moon, however, frogs and toads survive by calling from protected places. Bats are too good at playing by ear.

> "One day the frog realized that her body was most admired,
> especially her legs, and she spent time doing sit-ups
> and jumping to improve her legs, and felt everyone applauded.
> And she continued making every effort, until,
> willing to try anything
> to be considered an authentic Frog,
> she allowed her legs to be dismembered and eaten.
> While being eaten she bitterly heard them say,
> 'What a good Frog. It tastes like chicken.'"

"The Frog that Wanted to Become an Authentic Frog," *Stories*, Augusto Monterroso, Guatemala

For a good listener, few words are needed

Not every frog species has a call. Some species in Australia, Borneo and Panama, live near fast-running creeks where the noise level is very high. In this environment they have come up with a different communication strategy. These frogs jump repeatedly and move their arms and legs as if waving to someone from a distance. In fact, this is exactly what they are doing, waving to females where a call would not be very effective.

> "We children of the fountain and the lake,
> Let us wake
> Our full choir-shout, as the flutes are ringing out,
> Our symphony of clear-voiced song.
> The song we used to love in the Marshland up above."

The Frogs, Aristophanes, Greece

Vida íntima

no de los aspectos más fascinantes de los anfibios es su reproducción. Los anfibios presentan una variedad de formas reproductoras sin igual entre los animales vertebrados.

" Me gustan las formas de las ranas y sus actitudes
y particularmente la forma en que se congregan
en noches cálidas y lugares húmedos
a cantar sobre sexo ".

The Windward Road, Archie Carr, Estados Unidos

Ella y él: dimorfismo sexual

En los anfibios existen varias diferencias entre los sexos (dimorfismo, del griego *di*=dos y *morpho*=forma). En general, las hembras son de mayor tamaño que los machos. Los machos tienen un saco vocal desarrollado que usan para sus cantos. Durante la época reproductiva los machos de varias especies desarrollan "cojinetes nupciales" en los dedos pulgares que les ayudan a sostenerse durante el abrazo sexual.

CHAPTER 5

Intimacy

One of the most fascinating aspects of amphibians is their reproduction. Amphibians are unique among vertebrates in their diverse array of unique reproductive patterns.

> "I like the looks of frogs, and their outlooks,
> and especially the way they get together
> in wet places on warm nights
> to sing about sex."
>
> *The Windward Road*, Archie Carr, United States.

His and hers: sexual dimorphism

There are strong differences between the amphibian sexes (dimorphism, from the Greek *di*=two and *morpho*=form). In general, females are larger in size than the males. The males have developed vocal sacs that produce their distinctive calls. During the breeding season, males of several species develop "nuptial pads" on their thumbs to provide them with a better grasp on females during the sexual embrace.

El "Rana-sutra"

Entre ranas y sapos la fertilización de los huevos es bastante simple y similar. No hay mucha creatividad. Los machos abrazan a las hembras por su parte dorsal. Esta acción se conoce como abrazo sexual o "amplexo". El abrazo puede ser pectoral (axilar), pélvico (inguinal) o cefálico, y cada especie utiliza un sólo tipo. En el amplexo pectoral, el macho pasa los brazos por debajo de las axilas de la hembra (Fig. 5-1). En el amplexo pélvico, el abrazo es por debajo de la cintura de la hembra (Fig. 5-2), mientras que en el amplexo cefálico el macho abraza a la hembra por arriba de sus hombros. Muchas especies de la familia Hylidae y Leptodactylidae presentan amplexo pectoral mientras que las especies de las familias Bufonidae y Ranidae presentan amplexo pélvico.

> " Los sapitos que miraban
> la fachenda sin igual,
> murmuraban: '¡Qué guapeza!
> ¡Y ese aire al caminar!'
>
> "Y la Rana, modosita,
> simulaba no escuchar;
> mas, sentía que de rojo
> encendíase su faz".
>
> "La ranita enamorada",
> Gustavo Alfredo Jácome, Ecuador

La reproducción se llama "externa", ya que a diferencia de reptiles o mamíferos, los machos no presentan apéndices para introducir el esperma en el interior de la hembra. Durante el abrazo, juntan sus cloacas, receptáculos comunes del sistema reproductivo y urinario, para que cuando la hembra empiece a poner los huevos, el macho pueda rociarlos con esperma.

La pareja puede permanecer en esta posición por varios minutos o hasta varios días. Los machos utilizan sus "cojinetes nupciales" para agarrarse firmemente de la hembra. La fertilización es externa, pero los machos depositan el esperma durante o inmediatamente después que la hembra ha puesto los huevos. El sexo parece "cegar" a los machos (de los anfibios, por supuesto). Es común encontrar machos que intentan el amplexo con otros machos, los cuales para ser soltados responden con una llamada particular que los distingue de las hembras.

Fig. 5-1

"Rana-sutra"

Fertilization of eggs is fairly simple and similar among frogs and toads—not a lot of creativity. Males hug females from behind in an action known as sexual embrace or "amplexus." The amplexus may be pectoral (axilar), pelvic (inguinal) or cephalic, and each species uses only one type. In pectoral amplexus males hold the females under the armpits (Fig. 5-1). In pelvic amplexus they hold them under their waist (Fig. 5-2), while in cephalic amplexus males hold females above the shoulders. Several species of the Hylidae family (tree frogs) and Leptodactylidae use pectoral amplexus. In contrast, most species of the Bufonidae and Ranidae use pelvic amplexus.

Fertilization is external in most amphibians, because unlike reptiles or mammals, they do not have an appendix to deliver the sperm into the female's body. During the amplexus they join cloacae, a common receptacle for both the reproductive and excretory system. In this way, when the female releases the eggs, the male covers them with sperm.

The "couple" may remain in the amplexus position from a few minutes to several days, males using their "nuptial pads" to grasp females. Fertilization is external, but males release sperm while, or soon after, females oviposit the eggs. Sex seems to "blind" males (in amphibians, of course). It is not unusual to find males attached to other males. The unflattered male responds with a particular "release" call that distinguishes them from females.

> "The little toads watching her in her matchless fashionable dress, murmured: 'What a beauty! And what a walking style!'
>
> "And the modest frog pretended not to listen; but, she could feel her face blushing."
>
> "The Frog in Love,"
> Gustavo Alfredo Jácome, Ecuador

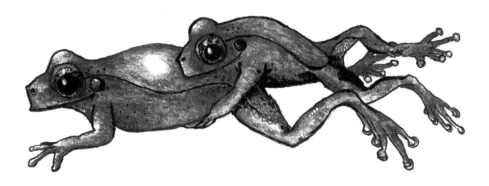

Fig. 5-2

Huevos pasados por agua

A diferencia de los reptiles y las aves, los huevos de los anfibios carecen de membranas protectoras y son depositados en el agua, o a veces en lugares húmedos en la tierra.

Entre los sapos y ranas, la fertilización interna se conoce en muy pocas especies, entre ellas la rana Yucateca (*Eleutherodactylus yucatanensis*), que quizá sea la única especie en la península con este tipo de reproducción. Sin embargo dentro de la fertilización externa existen muchas variaciones. La forma más común es el depósito de los huevos en algún cuerpo de agua (estanque o arroyo), ya sea temporal o permanente. Los renacuajos (estado larvario) se desarrollan en el agua. Muchas de las especies de las familias Bufonidae, Hylidae, Ranidae y algunos miembros de las familias Leptodactylidae y Microhylidae presentan este tipo de reproducción. Los renacuajos presentan adaptaciones características al agua con movimiento o estancada.

> "La sapa vino pariendo
> muy cerca del castillito
> y a la media hora tenía
> más de quinientos sapitos.
>
> "La sapa vino pariendo
> a punta 'e la madrugada
> y los sapitos contentos
> se pusieron a bailar.
>
> "La sapa estaba pariendo
> cerca 'e la cruz del perdón
> y el sapo lo celebraba
> con su botella de ron".

"El sapo", Alejandro Vargas, Venezuela

Entre las salamandras, algunas presentan fertilización externa y otras interna. En las salamandras con fertilización externa, las hembras ponen sus huevos en el agua y los machos se acercan para depositar el esperma sobre ellos. Los huevos se desarrollan y se convierten en ajolotes (estado larvario). Entre las salamandras con fertilización interna existen muchas variaciones. Algunas especies tienen huevos y larvas acuáticas, otras tienen huevos terrestres y larvas acuáticas, o bien huevos terrestres y larvas terrestres. También algunas especies presentan desarrollo directo de huevo a adulto sin pasar por el estado larvario y en otras más las crías nacen directamente del cuerpo de la madre, sin pasar por la fase de huevo externo. En la mayoría de las salamandras con fecundación interna, el esperma está contenido en un paquete gelatinoso conocido como espermatóforo que el macho deposita en el suelo, en una roca u otro sustrato. Mediante un elaborado cortejo, la hembra se acerca y lo recoge. El esperma puede permanecer guardado hasta por dos años en algunas especies.

Algunas especies depositan los huevos en cavidades naturales de árboles o entre las hojas de las bromelias. Muchas especies de la familia Leptodactylidae, producen nidos de espuma que depositan en estanques (ejemplo, rana túngara) o en arroyos o aún fuera del agua, sobre vegetación (ejemplo, ranita de la hojarasca) o en el suelo. Otras especies depositan los huevos fuera del agua. A menudo, los huevos están cercanos al agua y cuando nacen los renacuajos se trasladan rápidamente al medio acuático. Algunas ranas arbóreas, como la rana de ojos rojos, ponen los huevos en la vegetación que cuelga sobre los estanques, para que cuando los renacuajos nazcan caigan directamente en el agua. En

Eggs with no shell

Unlike reptiles and birds, amphibian eggs lack protective membranes and are deposited in water or on humid sites on land.

Among frogs and toads, internal fertilization is known only in a few species, of which the Yucatan frog (*Eleutherodactylus yucatanensis*) may be the only species on the peninsula. There are several variations in those species that reproduce externally. The most common method is to deposit eggs in a temporary or permanent body of water (a creek or pond). Tadpoles (larval stage) develop during this aquatic stage. Many species of the Bufonidae, Hylidae and Ranidae, and some members of the Leptodactylidae and Microhylidae, reproduce this way. Tadpoles of different species are adapted to either moving or stagnant water.

Among salamanders, there are both internal and external fertilization modes. In those species with external fertilization, females lay their eggs in water and males approach to deposit their sperm over the eggs. The embryos develop into larvae. In species with internal fertilization there are many variations. Some species have aquatic eggs and larvae, others have terrestrial eggs and aquatic larvae, still others have terrestrial eggs and larvae. There are also species that have direct development from egg to adult without becoming larvae. There are even species that give birth to live young. In most salamanders with internal fertilization, the sperm is produced as a mucous package known as the spermatophore. Males deposit the package on the soil, a rock, or any other substrate and entice the female, through an elaborate courtship, to pick up the package. The sperm may be stored for up to two years in some species.

Some amphibian species deposit their eggs in the natural cavities of trees or among the leaves of bromeliads. Many Leptodactylidae species produce foam nests and deposit them at the edge of ponds (e.g., the tungara frog), creeks or even outside the water, over vegetation (e.g., the black-backed frog) or on the ground. Other species lay their eggs outside water. Often, the eggs are laid near water, and once the tadpoles hatch they move quickly into the aquatic habitat. Some tree frogs, like the red-eyed tree frog, lay their eggs on vegetation above ponds. When the tadpoles hatch they fall directly into the water. In other species, adults transport tadpoles to water. Some species do not have a larval stage.

> "The toad laid her eggs
> very close to the castle
> and after only half an hour she had
> more than five hundred little toads.
>
> "The toad laid her eggs
> early at sunrise
> and her happy little toads
> began dancing.
>
> "The toad was laying her eggs
> near the forgiveness cross
> and the male toad was celebrating
> with his bottle of rum."
>
> "The Toad," Alejandro Vargas, Venezuela

41

otras especies, los renacuajos son trasladados por los adultos. Algunas especies no pasan por el estado de larva, sino que directamente del huevo nace un adulto en miniatura (por ejemplo, la rana Yucateca). En otras especies los huevos son mantenidos dentro de las hembras y las crías nacen vivas directamente de la madre.

> "El hijo de Rana, Rin Rin Renacuajo,
> salió esta mañana muy tieso y muy majo,
> de pantalón corto, sombrero encintado,
> corbata a la moda y chupa de boda.
> '¡Muchacho! no salgas,' le grita mamá,
> pero él hace un gesto y orondo se va".

"El renacuajo paseador", *Cuentos de Pombo*, Rafael Pombo, Colombia

¿Oportunistas o indecisos?

Algunas ranas y salamandras pueden cambiar de un sexo al otro. Parte de su vida son hembras y después se convierten en machos. Ese fenómeno, más común en peces de arrecifes, aparentemente es resultado de cambios químicos. Cambios fisiológicos influencian la desintegración de los órganos sexuales y promueven el desarrollo de la nueva alternativa. Los cambios de sexo, ocurren en respuesta al ambiente social. Por ejemplo, en peces, algunas hembras se transforman en machos, cuando el macho dominante muere. En otras especies, si hay más hembras que machos en la población, las hembras pueden cambiar de sexo para aumentar sus posibilidades de dejar progenie.

A miniature adult is born directly from the egg (e.g., the Yucatan frog). Yet, in other species, the eggs are kept inside the female and the offspring is born directly from the mother.

> " The son of Frog, Rin Rin Tadpole,
> left this morning handsomely dressed,
> with short pants and belted hat,
> fashionable tie and wedding coat.
> 'Boy, don't go out!' his mother shouts,
> but he makes a gesture and arrogantly leaves. "

"The Wandering Tadpole," *Stories of Pombo*, Rafael Pombo, Colombia

Undecided or opportunistic?

A few frogs and salamanders can shift from one sex to the other. During part of their life they are females and then become males. This phenomenon, more widespread among coral fishes, apparently is chemically triggered. Physiological changes influence the disintegration of one set of sex organs and promote the development of the other. Change reversal occurs in response to the social environment. For example, some female fish transform into males when the dominant male dies. In other species, if there are more females than males, a female may change sex to increase its chance of mating.

Polifacéticos

O tro de los fenómenos más impresionantes entre los anfibios es la transformación de los individuos juveniles acuáticos en adultos terrestres. Muchas especies de ranas, sapos y salamandras ponen sus huevos en el agua, para que sean fecundados. Una vez fertilizados, los huevos se desarrollan en renacuajos o ajolotes que dependen completamente del medio acuático. Al ocurrir la metamorfosis (cambio de renacuajos en ranas o sapos adultos y de ajolotes en salamandras), las larvas se transforman radicalmente tanto en su forma (anatomía) como en sus funciones (fisiología) adecuándose al medio terrestre. Los cambios son muy complejos y ocurren a una velocidad asombrosa (ver Fig. 6-1, pág. 46).

> "A veces vive en el agua
> a veces vive en la tierra
> a veces le gusta tomar el sol
> en la suave arena caribeña
>
> "Es un anfibio caribeño
> le gusta brincar en el mar tropical
> Anfibio caribeño
> una rana en un cocotero".
>
> "Anfibio caribeño", La Rana René
> y Jimmy Buffet, Estados Unidos

Los cambios más notables son el crecimiento acelerado de las patas traseras y la salida de los miembros delanteros de la piel que los cubre. Varias partes de la boca son reemplazadas por quijada, dientes y lengua. Se desarrollan los pulmones y se forman los párpados. La cola utilizada para la natación se reabsorbe. Se desarrolla el estómago, se modifica la piel y los huesos completan su osificación. El intestino se transforma completamente ya que la alimentación cambia de una dieta herbívora en el agua a una dieta carnívora en la tierra.

CHAPTER 6

Multiple personalities

Another impressive phenomena among amphibians is the transformation from juvenile aquatic individuals to terrestrial adults. Many species of frogs, toads and salamanders lay their eggs in water to be fertilized. Once fertilized, the eggs hatch into tadpoles (toads and frogs) or larvae (salamanders), completely dependent on the aquatic environment. When metamorphosis occurs (the change from tadpole to adult frog or toad, or from salamander larva to adult salamander), the animal changes radically in form (anatomy) and function (physiology) to adapt to life in the new terrestrial environment. Changes are very complex and occur at a remarkable speed (see Fig. 6-1, page 46).

The rapid emergence and enlargement of hind legs and the development of front legs are among the most noticeable changes. Jaws, teeth and tongues replace several mouthparts. Lungs and eyelids develop. Tails, once used for swimming, are absorbed. Stomachs and skin develop and bones complete ossification. The intestines change completely, because feeding habits change from an herbivorous diet in the water to a carnivorous diet on land.

> " Sometimes he lives in the water
> Sometimes he lives on the land
> Sometimes he likes to go sun himself
> On soft Caribbean sand
>
> He's a Caribbean Amphibian
> He likes to hop in the tropical sea
> Caribbean Amphibian
> A frog in a coconut tree "
>
> "Caribbean Amphibian," Kermit the Frog
> and Jimmy Buffet, United States

Fig. 6-1

Los renacuajos y ajolotes

La mayoría de las ranas y sapos pasan por una etapa larvaria antes de convertirse en adultos. El renacuajo es fundamentalmente diferente al adulto tanto fisiológica como ecológicamente. Al nacer sus ojos y boca no están bien desarrollados y se tiene que alimentar del saco embrionario. Con el paso del tiempo el renacuajo desarrolla branquias internas, ojos y boca funcionales (Fig. 6-2). Los renacuajos se alimentan de algas microscópicas o de plantas pequeñas y de pedacitos de materia orgánica y animales muertos.

Las larvas de las salamandras, conocidas en México como ajolotes (del náhuatl axolotl), nacen con cuerpo alargado, aletas ventrales y dorsales, cola aplanada y tres pares de branquias externas (Fig. 6-3). Sin embargo, los ajolotes de las diversas especies difieren según si se desarrollen en aguas lentas, rápidas o en ambientes terrestres. Las larvas de salamandras son típicamente carnívoras.

La metamorfosis dura entre uno y tres meses en la mayoría de las especies. Las especies que se desarrollan en lugares efímeros tienen una metamorfosis muy rápida mientras que aquéllas que se desarrollan en estanques permanentes pueden pasar hasta un año en el estado larvario.

Tadpole and salamander larvae

Most frogs and toads undergo a larval stage, when they are known as tadpoles or pollywogs, before they become adults. Tadpoles are fundamentally different from adults both physiologically and ecologically. Upon hatching, their eyes and mouths are not well developed and they rely on their embryo yolks for food. As time passes, they develop internal gills, functional eyes and mouths (Fig. 6-2). Tadpoles feed on microscopic algae and small plants and also scavenge detritus (plant debris) and dead animals.

Salamander larvae are sometimes known as mud puppies or waterdogs and in Mexico as *ajolotes* (from Nahuatl *axolotl*). They emerge with long bodies, ventral and dorsal fins, flattened tails and three pairs of external gills (Fig. 6-3). Many of the characteristics of salamander larvae vary, however, according to the environment where the species live: whether in fast-running water, slow-moving water or on land. Salamander larvae are typically carnivorous.

Metamorphosis lasts between one and three months in most species. Species that live in ephemeral places undergo a very rapid metamorphosis. Those species that live in more permanent sites, on the other hand, metamorphose slowly, and may take more than one year to develop.

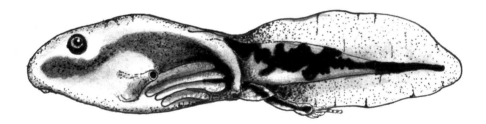

Fig. 6-2

Fig. 6-3

Algunas especies de ranas y salamandras producen dos tipos de larvas al mismo tiempo: un tipo omnívoro y un tipo caníbal. Ambos tipos pueden comerse a individuos de la misma especie, pero este comportamiento es más común en el tipo caníbal. El tipo caníbal tiene la cabeza, la boca y los dientes de mayor tamaño que el tipo omnívoro, pero generalmente son menos abundantes. El tipo caníbal puede distinguir a sus parientes de otros individuos y cuando no están muy hambrientos prefieren a los desconocidos

"Vi un cuerpecito rosado y como translúcido
(pensé en las estatuillas chinas de cristal lechoso),
semejante a un pequeño lagarto de quince centímetros,
terminado en una cola de pez de una delicadeza extraordinaria,
la parte más sensible de nuestro cuerpo.
Por el lomo le corría una aleta transparente
que se fusionaba con la cola,
pero lo que más me obsesionó fueron las patas,
de una finura sutilísima, acabadas en menudos dedos,
en unas manos minuciosamente humanas".

"Axolotl", *Historias completas*, Julio Cortazar, Argentina

Respirando a flor de piel

En los seres humanos y en otros mamíferos la respiración se realiza a través de los pulmones. Los anfibios en cambio, presentan diversos tipos de respiración. La mayoría de las especies cambian de mecanismo de la etapa larvaria acuática a la etapa adulta terrestre. Entre los órganos utilizados para la respiración se encuentran las agallas, los pulmones, la piel y las membranas de la boca y de la garganta.

"Todos los sapitos
se fueron a nadar
y el más chiquitito
se quiso quedar.

La mamá lo jala
le quiso pegar
y el pobrecito
se puso a llorar".

Canción infantil, Perú

Los renacuajos respiran a través de agallas. Las ranas y sapos presentan pulmones más elaborados que las salamandras. De hecho las salamandras de la familia Plethodontidae carecen de pulmones. Las cecilias presentan los pulmones más complejos. En algunas salamandras el 85 por ciento de la respiración se realiza a través de la piel. Las especies en que la respiración por la piel es importante, tienen una extensa red de vasos que transportan la sangre. Algunas especies de salamandras utilizan movimientos de la boca y de la garganta para respirar, particularmente cuando la temperatura es alta.

Ojos saltones

La mayoría de las ranas y sapos tienen ojos grandes y saltones colocados en la parte superior de la cabeza. Estos ojos les permiten ver en todas las direcciones al mismo tiempo. Durante su etapa de renacuajos, los ojos se encuentran a los lados de la cabeza.

Some species of frogs, toads and salamanders produce two types (known as morphs) of larvae in the same batch: an omnivorous type and a cannibalistic type. Both morphs can eat individuals of their own species, but this behavior is more common in the cannibal morph. The cannibal morph has a larger head, mouth and teeth than the omnivorous type and is generally less abundant. Cannibals can distinguish between relatives and other individuals. If not too hungry, they prefer strangers.

> "I saw a tiny pinkish and rather translucent body
> (I thought of those Chinese milky crystal statuettes),
> similar to a small alligator some fifteen centimeters long,
> ending in a fish tail of extraordinary delicacy,
> the most sensitive part of our body.
> A transparent flipper ran along its back merging with the tail,
> but I was most obsessed by its legs,
> of the subtlest fineness, finished in minute fingers,
> in thoroughly human hands."
>
> "Axolotl," *Complete Histories*, Julio Cortazar, Argentina

Breathing variety

Lungs are the gas exchange organs in humans and other mammals. Amphibians, in contrast, possess a diverse array of breathing systems. Most amphibians change primary breathing mode when they change from aquatic stage to terrestrial stage. To breathe, amphibians use gills, lungs and skin, as well as mouth and throat membranes.

Tadpoles and larvae primarily use gills to breathe. Adult frogs and toads have more complex lungs than salamanders. Plethodontid salamanders lack lungs altogether. Caecilians, in turn, have very complex lungs. In some salamanders, 85 percent of gas exchange takes place through the skin. Those species in which the skin is very important for gas exchange have a widespread network of vessels to transport blood. Some species of salamanders, frogs and toads use mouth and throat movements to breath, particularly when the ambient temperature is high.

> "All the little toads
> went swimming,
> but the smallest one
> wanted to stay.
>
> "His mom pulled him
> and was going to kick him
> as the poor little toad
> began to cry."
>
> Children's song, Peru

Toad eyes

Most adult frogs and toads have large, bulging eyes located high on the head. Their structure enables them to see in every direction at the same time. During the larval stage, their eyes are on the sides of their heads. As adults, the positioning of the eyes on the top

La visión binocular en los adultos aumenta la percepción de la profundidad. Las especies con ojos pequeños generalmente tienen hábitos acuáticos o subterráneos. Los ojos están protegidos por párpados superiores e inferiores y además los protege una membrana transparente cuando están bajo el agua, que los limpia y humedece en tierra.

> " Sus movimientos son lánguidos pero determinados,
> su cuerpo está encogido, y contrastando sus
> ojos se ven anormalmente grandes.
> Esto nos permite notar, lo que quizá
> no se pueda en otro momento,
> que el sapo tiene los ojos más hermosos
> de cualquier criatura viviente ".

"Algunos pensamientos sobre el sapo común", George Orwell, Inglaterra

Los ojos de los anfibios son particulares, ya que en lugar de enfocar cambiando la forma del lente, como en el caso de reptiles, aves y mamíferos, enfocan cambiando el lente de posición, ya sea acercándolo o alejándolo de la córnea, que es la membrana que cubre el ojo.

El iris controla el tamaño de la pupila y por lo tanto la cantidad de luz que entra al ojo. En muchas especies el color del iris se combina con las marcas de la cara. Su forma es variable. Algunas especies tienen el iris redondo, triangular, de forma alargada horizontal o verticalmente.

¿Receptores o dulces de Navidad?

Las diversas especies difieren en su sensibilidad al ambiente luminoso dependiendo de sus horarios de actividades y del medio en el que habitan. Algunas especies de ranas, sapos y salamandras son diurnas mientras que otras son nocturnas, unas viven en medios acuáticos y otras en medios terrestres y unas más combinan sus horarios o sus ambientes. De cualquier forma, sus ojos están adaptados a las condiciones de luz en donde viven.

Las diferencias en la sensibilidad de la visión de los animales se refleja en las proporciones de células sensitivas de la retina que se conocen como conos y bastones. Los conos son sensitivos al color mientras que los bastones son sensitivos a la intensidad de la luz.
En muchos anfibios, la retina contiene cuatro tipos de células fotorreceptoras: bastones verdes y rojos y conos sencillos y dobles. Los bastones rojos son similares a los de otros animales, contienen rhodopsina y absorben mejor la luz amarilla y verde que tiene una longitud de onda de 502 nanómetros (nm=millonésima parte de un milímetro). Los bastones verdes son únicos en los anfibios. No existen en otras clases de animales. Estas células absorben mejor la luz azul con longitud de onda de 433 nm y posibilitan la visión en baja intensidad de luz. Los conos sencillos absorben longitudes máximas de ondas amarillas (de 580 nm), mientras que los conos dobles absorben longitudes máximas de ondas de baja intensidad (502 y 580 nm).

of the head provides for binocular vision and increases their perception of depth of field. Species with small eyes are generally aquatic or fossorial. Upper and lower eyelids protect the eyes. A movable transparent membrane protects them in the water and cleans them and keeps them wet while on land.

> "His movements are languid but purposeful,
> his body is shrunken and, by contrast,
> his eyes look abnormally large.
> This allows one to notice, which one
> might not at another time,
> that a toad has about the most beautiful eyes
> of any living creature."
>
> "Some Thoughts on the Common Toad," George Orwell, England

Amphibians have a particular way of focusing images. Instead of changing the shape of the lens like reptiles, birds and mammals do, they change the position of the lens. The lens is moved either closer or farther from the cornea, which covers the eyes.

The iris controls the size of the pupil by changing the amount of light that enters the eye. In several species, the color of the iris matches the head coloration of the frogs. Irises come in many shapes. They can be rounded, triangular, or horizontally or vertically elongated.

Receptors or Christmas candies?

Species differ in their sensitivity to the light environment according to their diurnal or nocturnal activities and their habitats. Some frogs, toads and salamanders are diurnal whereas others are nocturnal; some live mostly in water and others are terrestrial. Still others combine activity during both the day and night, and utilize both aquatic and terrestrial habitats. In all cases, their eyes are adapted to the conditions they live in.

Differences in vision sensitivity between animals are related to the proportion of sensitive cells in the retina, known as rods and cones. Rods are sensitive to light intensity whereas cones are sensitive to color.

The retina in many amphibians has four types of photoreceptor cells: green and red rods and simple and double cones. Amphibians' red rods are similar to those of other animals; they contain rhodopsine and absorb yellow and green light with a wavelength of 502 nanometers (nm = a millimeter divided a million times). Green rods are unique to amphibians. These cells absorb blue light with a wavelength of 433 nm and enable amphibians to see under conditions of low-intensity light. Simple cones absorb maximum yellow wavelengths (around 580 nm), whereas double cones absorb maximum low-intensity wavelengths (502 and 580 nm).

Las proporciones de las células receptoras varían dependiendo del ambiente en que vive la especie y el tipo de visión que necesita. En algunas ranas la proporción es: bastones verdes 8 por ciento, bastones rojos 50 por ciento, conos sencillos 18 por ciento, y conos dobles 24 por ciento.

Entre los anfibios, las salamandras de la familia Plethodontidae (presentes en la península) son las únicas que presentan visión binocular hacia adelante parecida a la de los reptiles, las aves y los mamíferos.

Los anfibios tienen buena percepción de los colores. Varios estudios han demostrado que pueden discriminar por lo menos entre seis y ocho colores. En la etapa de larva, son atraídos por los colores verdes o verde amarillentos, que generalmente es el color de las plantas de las que se alimentan. Cuando se convierten en adultos su preferencia es por el azul.

El tercer ojo

Los anfibios poseen además de los ojos otro receptor de luz que se conoce como órgano pineal ("el tercer ojo"). Se puede ver como un área pálida en la cabeza. Este órgano contiene células fotorreceptoras parecidas a la retina del ojo. Algunos autores han sugerido que este órgano tiene un papel importante en los cambios de coloración de los anfibios, en la sincronización de ritmos fisiológicos y ambientales y en la orientación.

The proportion of receptor cells varies according to the environment in which each species lives and the type of vision needed. In some frogs the proportion is as follows: green rods 8 percent, red rods 50 percent, simple cones 18 percent and double cones 24 percent.

Among amphibians, salamanders of the Plethodontidae family (present in the peninsula) are unique in having frontal binocular vision similar to that of reptiles, birds and mammals.

Amphibians have good color perception. Several studies have demonstrated that they can distinguish between at least six to eight colors. During their larval stage they are attracted to green or yellow-green, which is the color of their food plants. When they metamorphose into adults, they prefer blue.

The third eye

Besides their normal eyes, amphibians also have another light receptor known as the pineal organ or "the third eye." It can be seen as a pale patch on top of the head. This organ contains photoreceptor cells similar to those in the eye retina. Some authors have suggested that the pineal organ plays important roles in coloration changes of amphibians, the synchronization of physiological and environmental rhythms, and their orientation.

Comer
y ser comido

Los anfibios son particularmente abundantes durante su etapa de huevo y larva. Mientras son huevos se alimentan de sus propias reservas. Cuando larvas son importantes consumidores y proporcionan abundante y nutritiva comida a una gran variedad de depredadores.

Niñez vegetariana y vejez carnívora

Los hábitos alimenticios son otro de los aspectos que cambian radicalmente con la edad de los anfibios. La mayoría de los renacuajos se alimentan de plantas microscópicas (herbívoros filtradores) que están pegadas a los substratos, o de algas filamentosas y pedazos de hojas. La mayoría de los ajolotes (salamandras jóvenes) son carnívoros que atrapan a sus presas individualmente, y en ocasiones comen plantas.

" 'Mesero, mesero, ¿tiene ancas de rana'?
'No, señor, ¡siempre camino de esta manera'!

'Mesero, mesero, ¿tiene ancas de rana'?
¡'Sí, señor'!
'Entonces ¡brinque y tráigame un sándwich' "!

Al convertirse en adultos, todos los anfibios se convierten en carnívoros, especializados principalmente en insectos. Algunas especies tienen hábitos aún más especializados como el sapo borracho, que se alimenta de hormigas y termitas.

CHAPTER 7

To eat
and be eaten

Amphibians are particularly abundant during their egg and larval stages. As eggs, they feed on their own reserves. In their larval stage and later as adults, they are important consumers and also provide a great variety of predators, including humans, with tender and abundant food.

Vegetarian childhood and carnivorous adulthood

As amphibians age, food habits also undergo a dramatic change. Most tadpoles feed on microscopic plants (they are filtering herbivores) that grow on underwater substrates, or they feed on filamentous algae and leaf fragments. Some scavenge dead animals. Most mud puppies (young salamanders) are carnivores that catch their prey and occasionally eat plants. When tadpoles become frogs and toads, they also become carnivorous, specializing in insects. Some

*"'Waiter, waiter, do you have frog legs?'
'No, sir. I always walk this way!'*

*'Waiter, waiter, do you have frog legs?'
'Yes sir!'
'Well, then jump and bring me a sandwich!'"*

species have even more specialized food habits: the Mexican burrowing toad, for example, primarily feeds on ants and termites.

El canibalismo es bastante difundido entre los anfibios. Varias ranas y sapos se comen a los renacuajos de otras especies y aún de su misma especie. Algunos renacuajos de sapo (*Bufo*), cuando son heridos por una mordida de depredador sueltan una "sustancia de alarma", que ahuyenta a otros renacuajos que andan cerca.

"Y tragándose el sapo al piojo iba corriendo su camino.
Yendo ya cansado de caminar se encontró
Tamazul, el sapo, a Zaquicaz, la culebra.
Y díjole la culebra,
'¿A dónde vas, Tamazul'?
A lo que respondió el sapo,
'Voy a un recado y lo llevo en mi vientre.'
'Veo que vas cansado,' dijo la culebra,
'y que no puedes caminar. Ven acá,
te tragaré y con eso llegarás presto'.
Esto dijo la culebra y tragóse al sapo.
Desde entonces la culebra tiene a los sapos por comida y sustento".

Antiguas historias de los Indios Quichés, Popol Vuh, Guatemala

Los indefensos anfibios

Además de los murciélagos mencionados anteriormente, muchas especies de animales como lagartijas, serpientes, mamíferos, aves, peces y arañas, se alimentan de ranas y sapos, renacuajos y huevos. Aunque a primera vista los anfibios parecen indefensos, tienen variedad de mecanismos para protegerse de sus enemigos. Las salamandras pueden soltar la cola cuando un depredador se las agarra y son capaces de formar una nueva después de haberla perdido.

"Yo tengo una picardía
cuando suena la roldana:
me escondo de buena gana,
para salvar el pellejo
que el sapo sabe por viejo
pero más sabe por rana".

"Sapo Fierro", María Elena Walsh, Argentina

Juegos de colores

La coloración de la piel de los anfibios puede funcionar de manera diametralmente opuesta. La coloración de algunas especies les permite pasar desapercibidas al confundirse con el medio. De hecho, varias especies cambian rápidamente de coloración para ajustarse a su ambiente. Por el contrario, las especies tóxicas tienen coloración muy llamativa, generalmente roja, anaranjada o amarilla mezclada con negra, que previene a los depredadores del peligro que representan.

Cannibalism is widespread amongst amphibians. Several frogs and toads eat tadpoles of their own and different species. When wounded, some toad tadpoles (*Bufo*), release an "alarm substance" that warns nearby tadpoles.

> " The toad swallowed the lice and began running.
> When he was getting tired, Tamazul, the toad,
> met Zaquicaz, the snake. The snake said,
> 'Where are you going, Tamazul?'
> The toad answered,
> 'I am delivering some news
> and I am taking it in my belly.'
> 'I can see you are tired,' the snake said,
> 'and that you can hardly walk.
> I will swallow you and you will arrive faster.'
> The snake swallowed the toad.
> Since then, snakes rely on toads for food and sustenance."

Old stories of the Quiches Indians, Popol Vuh, Guatemala

Defenseless amphibians

Besides bats, mentioned earlier, many other animals feed on frogs, toads, tadpoles and eggs, such as lizards, snakes, mammals, birds, fish and spiders. Although seemingly lacking protection, amphibians possess a variety of defense mechanisms that protect them from their enemies. Salamanders release their tail when a predator catches it. They are capable of producing a new one soon after.

> "I have a good trick when
> I hear trouble coming:
> I happily hide,
> to save my skin
> toads are wise for their age
> but more for being toads."

"Sapo Fierro," María Elena Walsh, Argentina

Color games

Skin colors can function in diametrically opposite ways. In some species, colors make amphibians invisible as they camouflage themselves in their environment. Some species rapidly change colors as they change environments. In contrast, toxic species are generally brightly colored red, orange or yellow mixed with black, which warns predators of potential danger.

¿Son venenosos?

Las propiedades tóxicas de varios anfibios se conocen desde hace mucho tiempo. Las secreciones (alcaloides tóxicos) de las ranas venenosas han sido utilizadas en las puntas de flecha de los cazadores del Amazonas y del Chocó en Colombia occidental para atrapar monos. Varias especies de sapos producen sustancias venenosas con propiedades cardiotóxicas, convulsivas, vasoconstrictoras y alucinógenas. Estas sustancias se encuentran concentradas principalmente en las glándulas parotoides, que son abultamientos notables detrás de los ojos, pero también se encuentran en cantidades menores distribuidas en la piel. Estas sustancias pueden irritar los tejidos delicados de los ojos o de la boca. Sin embargo, no producen verrugas como se cree ampliamente. Con excepción del sapo gigante y de la rana lechosa, al parecer la mayoría de las especies de la península no producen sustancias tóxicas de importancia. En algunas especies del género *Bufo*, los huevos y los renacuajos son tóxicos.

> "'Oh, Señor', contestó la rana, 'esta envoltura no tiene precio.
> Cuando la uso en invierno, estoy caliente y a gusto;
> Y en el verano, templado y fresco.
> Es a prueba de viento y lluvia.
> Ni siquiera la más intensa flama lo puede prender.
> Y mientras lo tenga puesto, puedo vivir por miles de años'".

"La Rana que se convirtió en Emperador", Chuang, China

La bufogenina y la bufotoxina son sustancias conocidas como glicósidos cardíacos producidos en las glándulas parotoides de los sapos que pueden tener efectos peligrosos en el sistema cardiovascular humano. La bufotenina también producida en estos sitios parece tener propiedades alucinogénicas. Algunos autores han sugerido que los Mayas utilizaban esta sustancia en sus rituales. Se han reportado casos de personas que han muerto debido a la ingestión del sapo común.

Las salamandras del género *Bolitoglossa* producen secreciones en la piel que paralizan primero la boca y después el cuerpo de algunas serpientes (*Tamnophis*), causándoles la muerte.

Are they poisonous?

The toxic properties of amphibians have been well known for a long time. To kill monkeys, hunters from the Amazon and from Choco in western Colombia use secretions (toxic alkaloids) of poison-arrow (dart) frogs on the tips of their arrows. Several toad species produce poisonous substances with cardiotoxic, convulsive, constricting and hallucinogenic properties. The substance is usually concentrated in the parotoid glands located behind the eyes, but can also be dispersed throughout the skin in small amounts. The substances may irritate the delicate tissues of the eyes and mouth in humans. They do not, however, produce warts as is widely believed. In some species of the genus *Bufo*, even eggs and tadpoles are toxic. With the exceptions of the cane toad and the veined tree frog, most peninsula species do not produce strong toxic substances.

> " 'Ah, Sir,' replied the frog, this outer garment is priceless.
> When I wear it in winter, I am warm and cozy;
> and in summer, cool and fresh.
> It is proof against wind and rain.
> Not even the fiercest flame can set it alight.
> And as long as I wear it, I can live for thousands of years.' "
>
> "The Frog Who Became an Emperor," Chuang, China

Bufonine and bufotoxine are substances known as cardiac glycosides produced in the toad's parotoid glands; they can have dangerous effects on the human cardiovascular system. Bufotenine is also produced in these glands and seems to have hallucinogenic properties. Some authors have suggested that the Mayan used these substances in their rituals. Some people, and many animals, have died from ingesting the poison of marine toads.

Salamanders of the genus *Bolitoglossa* also produce skin secretions that can cause mouth and body paralysis in snakes (*Tamnophis*) and can result in death.

Yucatecos, ¡mare!

La diversidad de especies de anfibios de la Península de Yucatán no es muy alta. A la fecha se han reportado veintidós especies de anfibios (ver Cuadro 3, pág. 22). Las grandes Antillas, a pesar de ser de menor tamaño, poseen una mayor diversidad de especies. Por ejemplo, en Cuba se han documentado alrededor de sesenta especies, en la Española cincuenta y ocho, en Jamaica veintidós y en Puerto Rico, alrededor de veinte. En el estado mexicano de Chiapas, con aproximadamente una tercera parte del tamaño de la península, se han documentado alrededor de 110 especies de anfibios.

¿A qué se debe esta baja diversidad?

Al parecer tres factores han contribuido a esta baja diversidad. El primero es la topografía. La península es extremadamente homogénea en cuanto a su topografía y su origen geológico (ver Fig. 8a, pág. 66). Básicamente es plana con elevaciones no mayores a 400 m con suelos calcáreos. Estas semejanzas geológica y altitudinal, le proporcionan similitud en cuanto a la vegetación y por lo tanto en cuanto a los hábitats disponibles para los anfibios.

" ¿Sólo el sapo es inmortal?"

El Cántaro Roto, Octavio Paz, México

El segundo factor es el clima. Como en otras áreas tropicales, en la península existe poca variación en la temperatura, pero una gran estacionalidad en la lluvia. El período de lluvias se extiende de mayo o junio a diciembre, y el resto del año es extremadamente seco. Además de la estacionalidad, casi no existen en la península corrientes de agua superficiales, solamente cenotes y aguadas. Por lo tanto la época seca no es muy favorable para los anfibios quienes requieren de humedad.

CHAPTER 8

Yucatecans

The diversity of amphibian species in the Yucatan Peninsula is comparatively low. To date, twenty-two amphibian species have been recorded (see Table 3, page 22). In contrast, the Caribbean West Indies, despite their smaller land areas, have greater species diversity: sixty species reported in Cuba, fifty-eight in Hispaniola, twenty-two in Jamaica and around twenty in Puerto Rico. In the Mexican state of Chiapas, with only a third of the area of the peninsula, approximately 110 amphibian species have been documented.

Why such low diversity?

There are at least three factors that may account for the low diversity of peninsula amphibians. First, the peninsula is extremely homogeneous in its relief and geological origin (see Fig. 8a, page 66). In general, it is a plain of carstic soils broken by rolling hills no higher than 400 m (1300 ft). The geologic and topographic homogeneity results in little structural variability of vegetation, and, therefore, low habitat diversity exists for amphibians.

"Only the toad is immortal?"

The Broken Pot, Octavio Paz, Mexico

The second factor is weather. As in other tropical areas, temperature changes little throughout the year in the peninsula, and rain is extremely seasonal. Rains arrive in May or June and continue throughout December. The rest of the year is dry. Furthermore, there is almost no superficial water in the peninsula, only *cenotes* and *aguadas*. The extreme dry season does not, therefore, favor the high moisture conditions required by amphibians.

El tercer factor es la historia. La península emergió recientemente, hace aproximadamente 3 millones de años y los cambios globales de clima desde esas fechas han modificado la vegetación drásticamente. Hace 7,000 años, la península estuvo cubierta en parte de bosques de encinos y pastizales. La colonización de esta área por las selvas tropicales es relativamente reciente.

Además, como en otras penínsulas, hay un mayor número de especies en la base y menor en la punta. Este gradiente de diversidad probablemente refleja las diferencias de humedad y las dificultades para colonizar la punta.

La Península de Yucatán

La Península de Yucatán se encuentra rodeada por el Golfo de México y por el Mar Caribe. Geográficamente incluye Belice, la región de El Petén en Guatemala y, en México, los estados de Campeche, Quintana Roo y Yucatán, y parte del estado de Tabasco. Para el propósito de este libro, la península consiste solamente en los tres estados peninsulares que en conjunto cubren una extensión de casi 142,000 km², equivalente al tamaño de Minnesota o Utah en los Estados Unidos. Yucatán representa el estado de menor tamaño (27 por ciento) pero con mayor densidad poblacional (tres y media veces más gente que en los otros dos estados). Campeche (38 por ciento) y Quintana Roo (35 por ciento) tienen un tamaño similar y poblaciones similares (10 habitantes por kilómetro cuadrado).

Esta sección de la península es una extensión relativamente plana y de clima tropical húmedo con una larga temporada seca. Las temperaturas varían poco, entre 24° a 26° C. La precipitación es más alta en la base de la península (más de 1,500 mm) y disminuye gradualmente hacia el norte (alcanzando tan sólo 500 mm). Las corrientes de agua superficial son escasas y los ríos permanentes se encuentran sólo en la base de la península. El agua que escurre es muy dura, es decir, tiene un alto contenido de calcio.

La península puede ser divida en cuatro regiones de acuerdo a su vegetación influida por la humedad y la salinidad: las costas, la punta noroeste, tierra adentro y el sur.

Las costas

En las costas se desarrollan los manglares, que son asociaciones vegetales dominadas por los mangles, especies arbóreas adaptadas a la vida en aguas saladas y que penetran al interior del continente por el cauce de los ríos. Los manglares son comunidades muy productivas con condiciones de salinidad únicas en donde gran cantidad de organismos acuáticos (ej. peces y camarones) pasan las primeras etapas de su vida. Además, proporcionan protección a la costa de la erosión causada por el mar y el viento. Los manglares están constituidos principalmente por cuatro especies de árboles con diferentes grados de adaptación a la salinidad. El mangle rojo o *tap che* (*Rhizophora mangle*), el mangle blanco o *tsakolom* (*Laguncularia racemosa*), el mangle prieto o *tab che* (*Avicennia nitida*), y el botoncillo o *K'aan che'* (*Conocarpus erecta*). Las dos primeras especies son más resistentes a la salinidad que las dos últimas.

The third factor is history. The peninsula is a relatively recent landform that emerged from the sea 3 million years ago. Due to global climate changes, the vegetation has shifted drastically. Approximately 7000 years ago, oak forests and savannas dominated part of the peninsula. The arrival of the tropical forest to this area is a recent phenomenon.

Finally, like other peninsulas, the Yucatan has a diversity gradient with more species close to the main continent and fewer towards the tip. This gradient likely reflects the precipitation gradient as well as the difficulties amphibians encounter in colonizing the isolated tip.

The Yucatan Peninsula

The Yucatan Peninsula is surrounded by the Gulf of Mexico and Caribbean Sea. Geographically, it includes Belize, northern Guatemala (Peten) and, in Mexico, the states of Campeche, Quintana Roo and Yucatan, and part of the state of Tabasco. For our purposes, the peninsula includes the three peninsular states, which add up to almost 88,000 sq mi (142,000 sq km), equivalent to the size of Minnesota or Utah in the United States. Yucatan is the smallest state (27 percent of the peninsula), but it has the largest human population (three and a half times more people than in the other two states). Campeche (38 percent) and Quintana Roo (35 percent) are of similar size and similar population densities (10 people/km²).

The peninsula is relatively flat and its weather is tropical humid with a long dry season. Temperatures can vary between 24° to 26° C (75° to 78° F). Higher precipitation occurs in the peninsula base (more than 1500 mm or 60 in) and decreases gradually towards the north (where it reaches 500 mm or 20 in). There are very few rivers and lakes. The only permanent rivers are located near the peninsula base. Water is hard due to the high limestone content.

The peninsula can be divided into four regions according to vegetation type as determined by water and salinity: the coasts, northwest tip, inland and the south.

The coasts

Mangrove forests, dominated by mangrove trees adapted to saltwater, thrive along the coasts of the Yucatan. Mangroves are extremely productive communities with unique salinity conditions where many aquatic organisms (e.g. fish and shrimp) spend the first stages of their lives. In turn, they protect the coast against marine and wind erosion. These forests disperse inland following river courses. There are four species of mangroves adapted to different degrees of salinity: red mangrove or *tap che* (*Rhizophora mangle*), white mangrove or *tsakolom* (*Laguncularia racemosa*), dark mangrove or *tab che* (*Avicennia nitida*) and *botoncillo* or *K'aan che'* (*Conocarpus erecta*). The first two species have higher resistance to the salinity of saltwater than the last two.

Punta noroeste

La región noroeste es la parte más seca de la península. Cubre la parte norte de Campeche y nortoeste de Yucatán. La precipitación oscila entre 700 y 1,000 mm anuales y en esta zona no hay selvas inundables o bajos. Esta zona estuvo ocupada por selvas bajas (entre 8 y 15 m) y medianas (entre 15 y 20 m) en donde del 70 al 100 por ciento de los árboles pierden las hojas por lo menos un par de meses durante la temporada seca.

Los árboles dominantes de la selva baja son el chakah (*Bursera simaruba*), piim (*Ceiba aesculifolia*), chechén negro (*Metopium brownei*), guayacán o soon (*Guaiacum sanctum*). En la selva mediana predominan el tsalam (*Lysiloma latisiliqua*), el ha'bin (*Piscidia piscipula*) y el cedro (*Cedrela odorata*).

Esta zona ha sido habitada desde hace muchos años y mantiene la población más densa de la península. Aquí se desarrollaron las grandes plantaciones henequeneras (*Agave fourcroydes*), por lo tanto la vegetación natural ha sido altamente alterada. La diversidad de anfibios en esta región es más baja que en el resto de la península.

Tierra adentro

La región centro cubre la parte centro y sur de Campeche y la mayor parte del estado de Quintana Roo. Esta región esta cubierta por selvas medianas subperennifolias de 15 a 25 m de altura con especies como el zapote (*Manilkara zapota*), tabaquillo (*Alseis yucatanensis*), el ramón (*Brosimum alicastrum*), katalox (*Swartzia cubensis*), hueso de tigre (*Thouinia paucidentata*), boop (*Coccoloba spicata*) y ya'aaxnik (*Vitex gaumeri*).

En esta región se encuentran los bajos o *ak'alche* que son terrenos planos con mal drenaje que se inundan estacionalmente con las aguas de lluvia. Algunos arqueólogos han sugerido que pudieron haber sido antiguos lagos someros que se azolvaron quedando ocasionalmente una aguada. Generalmente están dominados por el "palo de tinte" (*Haematoxylon campechianum*) que alcanza de 8 a 12 m de altura. Otras especies de árboles presentes en los bajos son el pukté (*Bucida buceras*), chechén blanco (*Cameraria latifolia*), y chechén negro (*Metopium brownei*).

El sur

En el extremo sureste de Campeche y suroeste de Quintana Roo se encuentra una porción de terreno con vegetación de selva alta, conocida con este nombre ya que los árboles que la dominan alcanzan entre 25 y 40 m de altura, con algunos emergentes de 50 y hasta 70 m. En esta región la precipitación puede alcanzar hasta 2,000 mm anuales. Las especies de árboles características de esta selva son el pelmax (*Aspidosperma megalocarpon*), el jobillo (*Astronium graveolens*), el machiche (*Lonchocarpus castilloii*), el zapote (*Pouteria zapota*), el zapote faisán (*Pouteria amygdalina*), el bari (*Calophyllum brasiliensis*), el pukté (*Bucida buceras*) y la caoba (*Swietenia macrophylla*).

Northwest tip

The northwest tip is the driest region of the peninsula. It occupies northern Campeche and northwest Yucatan. Rainfall averages between 700 and 1000 mm (28 to 40 in) per year and there are no flooded forests or *bajos* in this region. Originally, the region was occupied by highly diverse forests of low (8 to 15 m or 26 to 50 ft) to medium height (15 to 20 m or 50 to 65 ft), which lose all their leaves for at least two months in the dry season.

Dominant trees in the low forest include *chakah* (*Bursera simaruba*), *piim* (*Ceiba aesculifolia*), black chechen (*Metopium brownei*) and "lignum vitae" or *soon* (*Guaiacum sanctum*). In the medium forest, common tree species include *tsalam* (*Lysiloma latisiliqua*), *ha'bin* (*Piscidia piscipula*) and cedar (*Cedrela odorata*).

This region has been inhabited for a long time and has the densest human population on the peninsula today. The natural vegetation has been greatly modified, as this is the area where the large *henequen* (*Agave fourcroydes*) plantations were established for the rope and fiber industries. The diversity of amphibians in this region is lower than in the rest of the peninsula.

Inland

The inland region covers the center and south of Campeche and most of Quintana Roo. This region is occupied by medium and tall, relatively evergreen forests, with trees 15 to 25 m (50 to 82 ft) tall and species such as *zapote* (*Manilkara zapota*), *tabaquillo* (*Alseis yucatanenis*), *ramón* (*Brosimum alicastrum*), *katalox* (*Swartzia cubensis*), tiger bone (*Thouinia paucidentata*), *boop* (*Coccoloba spicata*) and *ya'aaxnik* (*Vitex gaumeri*).

Bajos or *ak'alche*, seasonally flooded flatlands, are common in this region. Some archaeologists argue that *bajos* originated from silted shallow lakes, from which in many cases there is only a small *aguada* left. They are often dominated by *palo de tinto* (*Haematoxylon campechianum*) that reaches from 8 to 12 m (25 to 40 ft) in height. Other species present in *bajos* are *pukte* (*Bucida buceras*), white chechen (*Cameraria latifolia*) and black chechen (*Metopium brownei*).

The south

In the extreme southern portion of Campeche and Quintana Roo there are areas with fairly tall trees (25 to 40 m or 80 to 130 ft), known as tall forest. Some of the emergent trees reach between 50 and 70 m (165 to 230 ft) tall. In this region rainfall may reach up to 2000 mm (80 in) per year. Some of the main trees species of this forest are *pelmax* (*Aspidosperma megalocarpon*), *jobillo* (*Astronium graveolens*), *machiche* (*Lonchocarpus castilloii*), *zapote* (*Pouteria zapota*), *zapote faisán* (*Pouteria amygdalina*), *bari* (*Calophyllum brasiliensis*), *pukté* (*Bucida buceras*) and mahogany (*Swietenia macrophylla*).

Distribución de los anfibios en la península

Básicamente se han registrado cuatro patrones de distribución de los anfibios en la Península de Yucatán (Figs. 8b, 8c, 8d and 8e). La diversidad de especies de anfibios en la península parece estar fuertemente influida por la cantidad de lluvia y por la estacionalidad de la lluvia. Al sobreponer los patrones de distribución de las diversas especies, encontramos que la mayor diversidad de especies se encuentra en la base de la península, en donde se recibe la mayor cantidad de lluvia. El número de especies disminuye drásticamente hacia el norte, particularmente en la zona de transición entre la región de tierra adentro y la punta noroeste.

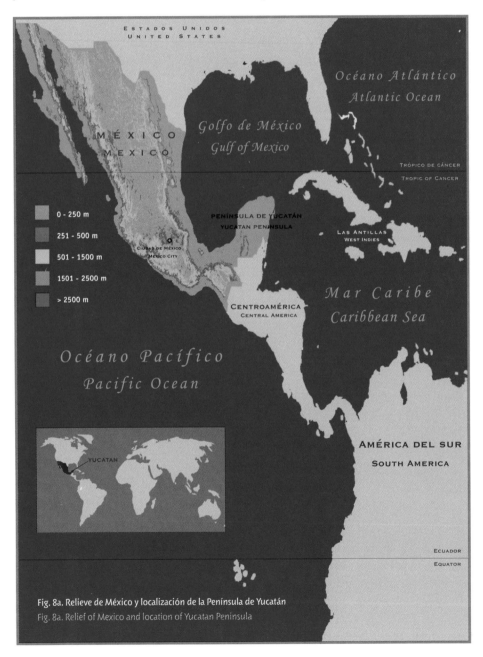

Fig. 8a. Relieve de México y localización de la Península de Yucatán
Fig. 8a. Relief of Mexico and location of Yucatan Peninsula

Distribution of peninsula amphibians

The amphibians of the Yucatan Peninsula have four basic patterns of distribution (Figs. 8b, 8c, 8d and 8e). Amphibian species diversity in the peninsula seems strongly influenced by the amount and seasonality of rain. When all the patterns of distribution are overlaid, it is apparent that the highest species diversity of amphibians is found in the base of the peninsula, which also receives the highest amount of rain. The number of species decreases towards the north, particularly in the transition zone between the inland region and the northwest tip.

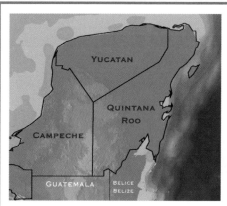

Fig. 8b. Distribución amplia. Once especies se han registrado ampliamente y al parecer sus poblaciones ocupan toda la península.

Fig. 8b. Wide distribution. Eleven species have been recorded widely and their populations seem to occupy most of the peninsula.

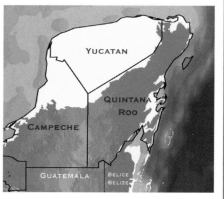

Fig. 8c. Distribución en la franja de selva húmeda. Cinco especies, todas ellas de la familia Hylidae están restringidas a la franja sur y este de la selva húmeda. Al parecer están ausentes de la porción más seca de la punta noroeste.

Fig. 8c. Tropical humid forest distribution. Five species, all of them Hylids, are restricted to the southern and eastern humid forest. They seem to be absent from the northwest tip.

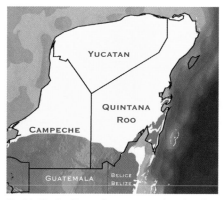

Fig. 8d. Distribución en el sur. Tres especies sólo se han registrado en la base de la península en el sur de los estados de Campeche y Quintana Roo.

Fig. 8d. Southern distribution. Three species have only been recorded in the base of the peninsula, in the southern portion of Campeche and Quintana Roo.

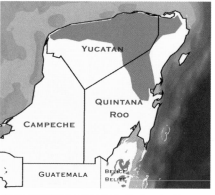

Fig. 8e. Distribución restringida. Finalmente, dos especies sólo se han documentado en áreas restringidas y una en el norte de la península.

Fig. 8e. Restricted distribution. Finally, two species have been found in fairly restricted areas and one in the north of the peninsula.

Los anfibios de la Península de Yucatán

A continuación se presenta una breve descripción de las veintidós especies registradas en la Península de Yucatán, incluyendo las familias de las salamandras, de los sapos, del sapo borracho, de las ranas trepadoras, de las ranas de dedos delgados, de las ranitas de la boca chiquita y de las ranas típicas.

LA FAMILIA DE LAS SALAMANDRAS
Plethodontidae

De diez familias de salamandras que existen en el mundo, sólo una está representada en la Península de Yucatán. El nombre Plethodontidae proviene de las palabras griegas *plethos*, que significa "multitud" y *odontos*, que significa "dientes". A diferencia de otras familias que dependen del agua para su estado larvario, varios miembros de esta familia se desarrollan independientemente del medio acuático. Algunas son total o parcialmente arbóreas. La principal característica de esta familia es que carecen completamente de pulmones. La respiración se lleva a cabo a través de la piel y de la boca. Otra característica particular de la familia es el surco que presentan, que va desde los orificios nasales a la boca y que se supone funciona en la detección de olores. Algunas salamandras tienen la cola gruesa debido a los depósitos de grasa que utilizan en la época de poco alimento disponible. Los dedos de las patas y de las manos tienen membranas interdigitales. Sólo se han registrado dos miembros de esta familia en la península.

Salamandra Yucateca
Bolitoglossa yucatana

El nombre *Bolitoglossa* proviene del griego *bolites* que es un tipo de hongo o dardo y *glossa* que significa "lengua", se refiere a la forma de la lengua de estas salamandras. El nombre de *yucatana* se refiere a Yucatán de donde se colectó y describió el primer ejemplar. Salamandra de tamaño mediano de color grisáceo, pardo o pardo-rojizo con manchas irregulares de color claro. Los adultos miden aproximadamente 10 cm desde la cabeza hasta la cola (Fig. 8-1).

Generalmente son activas después de las lluvias intensas. Viven en la hojarasca, bajo troncos caídos o entre las grietas de las rocas. Se alimentan de pequeños insectos como hormigas. Al igual que otras especies del mismo género, esta especie produce huevos que se desarrollan en ambientes terrestres húmedos. Esta especie está casi totalmente restringida a la parte norte y noreste de la Península de Yucatán. Existe un registro en el sur de Campeche. Recientemente encontramos un individuo de esta especie en una bromelia a 4 m de altura.

Amphibians of the Yucatan Peninsula

A brief description of the twenty-two identified species of Yucatan amphibians follows, including the families of salamanders, toads, Mexican burrowing toad, tree frogs, slim finger frogs, narrow-mouthed frogs and typical frogs.

THE SALAMANDER FAMILY
Plethodontidae

Out of ten families of salamanders in the world, this is the only one represented in the Yucatan Peninsula. The name Plethodontidae comes from the Greek *plethos*, which means "multitude," and *odontos*, which means "teeth." Unlike other families that are highly dependent on water during their larval stage, several members of the Plethodontidae, reproduce exclusively on land. Some species are totally or partially arboreal. Members of this family lack lungs. Breathing takes place through the skin and mouth. They also have a characteristic groove under the nasal orifices that may be used for the detection of odors. Some salamanders have a thick tail where they deposit fat to be used in seasons of low food availability. Delicate membranes join their toes and fingers. Only two members of this family have been recorded in the peninsula.

Fig. 8-1

Yucatan salamander
Bolitoglossa yucatana

The name *Bolitoglossa* comes from the Greek *bolites*, describing a type of mushroom or dart, and *glossa*, which means "tongue." It refers to the mushroom-shaped form of this salamander's tongue. The name *yucatana* refers to the state of Yucatan where the first specimen was collected and described. A medium-sized salamander with gray, brown or red-brown skin color and light, irregular blotches, the adults reach up to 10 cm (4 in) in length from head to tail (Fig. 8-1).

Yucatan salamanders are active after intense rain. They live in the forest litter, under fallen logs or between rock crevices where they feed on small insects such as ants. Like other closely related species, they lay eggs in moist terrestrial environments. This species is almost completely restricted to the north and northeast of the peninsula. One was, however, recently recorded in southern Campeche, where it was found 4 m (12 ft) above the ground, hiding in a bromeliad.

Fig. 8-2

Salamandra, salamanquesa, salamandra negra y dorada
Bolitoglossa mexicana

Mexicana se refiere a México, donde se colectó el individuo con el que se describió a la especie. Esta salamandra es un poco más robusta que la salamandra Yucateca, con ojos pequeños y de color variable, pero con bandas longitudinales de color claro en el dorso. Las partes laterales son de color café oscuro y la espalda es de color café rojizo o entre rojo y anaranjado con manchas amarillentas. Los adultos alcanzan entre 11 y 14 cm de largo desde la cabeza hasta la cola (Fig. 8-2).

Son tanto terrestres como arbóreas. Viven debajo de la hojarasca, entre las rocas, los árboles caídos y también se han registrado en bromelias. Se ha sugerido que durante la época de lluvias las salamandras viven en la hojarasca y en la estación seca se refugian en las bromelias que guardan agua. Estas salamandras ponen huevos en ambientes terrestres, donde se desarrollan las larvas. Para un animal de ese tamaño pueden vivir bastante tiempo, alcanzando hasta doce años en cautiverio.

Se distribuyen desde el sur de Veracruz, México, hasta Honduras. En la Península de Yucatán se les ha documentado restringidas a una pequeña región en el noreste, en el límite de los estados de Yucatán y Quintana Roo (ver Fig. 8e, pág. 67).

LA FAMILIA DE LOS SAPOS
Bufonidae

El *nombre* de la familia proviene del género *Bufo* que en latín quiere decir "sapo". La familia contiene 365 especies. Sólo dos especies se han reportado en la península. Los miembros se caracterizan por tener la piel cubierta de verrugas y un par de glándulas (parotoides) bien desarrolladas en el cuello. La mayoría de las especies son terrestres y tienen extremidades cortas.

Sapo común, sapo costero
Bufo valliceps

El nombre *valliceps* proviene del latín *vallis* que significa "hueco" y *caput* que significa "cabeza" y se refiere a la concavidad dorsal de la cabeza producida por las crestas craneales tan altas. Estos sapos de mucho menor tamaño que el sapo gigante, miden entre 7 y 9 cm (Fig. 8-3). Los machos también son de menor tamaño que las hembras. Son de coloración

Salamander
Bolitoglossa mexicana

Mexicana refers to Mexico, where the individual salamander used to describe the species was collected. This salamander is heavier than the Yucatan salamander, with small eyes and variable color, but always with lightly colored longitudinal bands on its back. The sides are dark brown and the back is red-brown to orange with yellow blotches. Adults reach between 11 and 14 cm (4.5 to 5.5 in) in length from head to tail (Fig. 8-2).

Salamanders are both terrestrial and arboreal. They live under dead leaves and among rocks, and have also been found inside bromeliads. It has been suggested that during the wet season they live on the forest floor and during the dry season they seek refuge in bromeliads that hold water. They lay their eggs in moist terrestrial environments where the larvae develop. For an animal of its size, it can live very long. Individuals in captivity have lived up to twelve years.

The distribution of this species ranges from southern Veracruz, Mexico, to Honduras. In the Yucatan Peninsula it is restricted to a small region in the northeast, on the boundary between Yucatan and Quintana Roo (see Fig. 8e, page 67).

THE TOAD FAMILY
Bufonidae

The name of this family comes from the genus *Bufo*, which in Latin means "toad." There are 365 species in this family. Two species live in the peninsula. Members of this family are characterized by their rough skins, warts and well developed pair of glands (parotoids) located behind the eyes. Most species are terrestrial and have short limbs.

Gulf coast toad
Bufo valliceps

The name *valliceps* comes from the Latin *vallis*, meaning "hollow," and *caput*, meaning "head," and refers to the concave top of this toad's head (Fig. 8-3), an appearance that results from the tall cranial crests (ridges on either side of the head). These toads are much smaller than the cane toads. They are between 7 and 9 cm (2.8 and 3.6 in) in length. Males are smaller than females. They are highly variable in color. Their distinguishing characteristic is a wide dark line on each side of the body. They also have a light colored dorsal line. Individuals with dark pigmentation (black toads) are considered "good luck" charms

Fig. 8-3

variable pero se distinguen por su característica franja lateral ancha de color oscuro. También tienen una línea dorsal de color claro. Los individuos de esta especie con pigmentación oscura (sapos negros) son considerados por la gente como de buena suerte. Las glándulas del cuello son relativamente pequeñas (del tamaño del ojo). Al igual que los sapos gigantes tienen pequeñas membranas entre los dedos, solamente en las patas. Pero a diferencia de los sapos gigantes no tienen pliegue tarsal.

Es una especie generalista que se encuentra en la mayoría de los hábitats y es muy abundante. Son nocturnos, se alimentan de insectos y son predominantemente terrestres aunque se ha reportado que en ocasiones pueden trepar a los árboles. La reproducción es explosiva, es decir, al caer las primeras lluvias cantidad de miembros de la especie se congregan en estanques permanentes y temporales, lagos, y arroyos lentos a reproducirse por un par de días solamente. Su canto suena como el sonido de una chicharra: *grrrrr grrrrr*. Las hembras ponen los huevos en forma de collar de perlas enlazadas a la vegetación. Los renacuajos de color negro se desarrollan en el agua. Han llegado a vivir hasta tres años en cautiverio.

Esta especie se distribuye desde Texas y Mississippi y la costa este de México hasta el norte de Costa Rica. Se ha registrado en toda la península (ver Fig. 8b, pág. 67).

Sapo gigante, sapo común, sapo lechero
Bufo marinus

El nombre *Bufo* proviene del latín y quiere decir "sapo". *Marinus* significa "del mar" en latín. Erróneamente se nombró a esta especie pensando que vivía tanto en tierra como en el mar. Como su nombre lo indica, esta es la especie de anfibio de mayor tamaño en la

Fig. 8-4

locally. Their neck glands are relatively small (the same size as their eyes). They also have small membranes between their toes. Unlike cane toads, Gulf coast toads do not have a tarsal fold.

The Gulf coast toad is a generalist species, very common in most habitats. It is nocturnal, feeds on insects, and is primarily terrestrial, although it has been reported to climb trees. Breeding for the Gulf coast toad is an explosive event. After the first rains, many individuals gather in permanent and temporary ponds and slow-moving creeks to breed, just a few nights. Their call sounds like a low cicada: *grrrr grrrr*. Females lay their eggs in what looks like a chain of pearls attached to vegetation. Tadpoles develop in the water and metamorphose into terrestrial small "toadlets" after a few weeks. They have lived up to three years in captivity.

This species ranges from Texas and Mississippi and the eastern coast of Mexico to northern Costa Rica. It has broad distribution throughout the peninsula (see Fig. 8b, page 67).

Marine toad, cane toad, giant toad
Bufo marinus

The name *Bufo* comes from Latin, as previously mentioned, and means "toad." *Marinus* means "from the sea" in Latin. The name was erroneously placed due to the belief that this species was both terrestrial and marine. This is the largest amphibian in the peninsula (Fig. 8-4). Females may weigh as much as 1.5 kg (3.3 lbs) and exceed 22 cm (9 in) in length. Most adults reach from 8 to 15 cm (3 to 6 in) in length. They are dark brown on the back (dorsum) and lighter brown below. They have large eyes and horizontally elongated pupils. Their well-developed parotoid glands produce toxic substances that, in some instances, have killed dogs. The membrane between the toes is not well developed, and these toads have a characteristic tarsal fold in their skin.

Marine toads are nocturnal animals that dwell in a variety of habitats, including open areas like grasslands and secondary forests. They are predators and feed on insects as well as mice, small birds, other frogs, lizards, snakes and basically anything that moves and can be swallowed. They are also opportunistic scavengers and will eat dog food and garbage. During the breeding season, males develop nuptial pads on their thumbs and sharp points on the warts on their back. Males sing from the edge of permanent or temporary ponds. Their call sounds like an outboard motor: *purrrr purrrr purrrr*. Females lay thousands of eggs (between 5000 and 25,000 and sometimes up to 35,000) in the shape of bead chains on ponds. The jelly that covers the eggs is toxic. Tadpoles develop over the next two to four days. The black tadpoles become adults after one or two months. They can live up to twenty years in captivity.

They range from southern Texas and northern Mexico to Peru and northern Brazil. At the beginning of the century, the cane toad was introduced in the Caribbean, Australia and in several Pacific islands including Hawaii to control insect pests in sugar cane crops. Because it devours native wildlife, it is now considered a pest in many of these regions. (See "The Disaster of the Conquistador," page 125.) It is broadly distributed throughout the peninsula (see Fig. 8b, page 67).

península (Fig. 8-4). Las hembras son más grandes que los machos y pueden pesar hasta 1.5 kg. y tener una longitud mayor de 22 cm. La mayoría de los adultos alcanzan de 8 a 15 cm. Su piel tiene varias tonalidades de café, oscuro en el dorso y más claro en el vientre. Tienen ojos relativamente grandes con pupila de forma elíptica horizontal. Sus glándulas parotoides son de gran tamaño y producen sustancias tóxicas que han llegado a matar perros. La membrana entre los dedos de las patas es pequeña y tienen un pliegue de piel característico en el tarso.

Son animales nocturnos que utilizan una gran variedad de hábitats incluyendo zonas abiertas como pastizales y bosques secundarios. Son depredadores y se alimentan tanto de insectos como de ratones, crías de aves, otras ranas, lagartijas, víboras, y básicamente todo lo que se mueve y puede tragarse. También son carroñeros oportunistas y comen comida para perros y basura.

Durante la época reproductiva, los machos desarrollan manchas nupciales en los dedos pulgares y espinas en las verrugas de la espalda. Los machos cantan a la orilla de estanques permanentes o temporales. Su canto se ha comparado con el ruido de los motores fuera de borda: purrrr purrrr purrrr. Las hembras ponen miles de huevos (entre 5,000 y 25,000, a veces hasta 35,000) en charcos y aguadas, en forma de cadenas de rosario, que se desarrollan en dos a cuatro días. La mucosa protectora que rodea a los huevos es tóxica. Los renacuajos de color negro se convierten en adultos después de uno o dos meses. Han llegado a vivir más de veinte años en cautiverio.

Se distribuyen desde el sur de Texas y el norte de México hasta Perú y norte de Brasil. A principio de siglo el sapo gigante fue introducido en el Caribe, en Australia y en varias islas del Pacífico incluyendo Hawaii, para controlar plagas de insectos en plantíos de caña de azúcar. Debido a que devora a la fauna nativa ahora se considera una plaga en muchas de estas regiones (ver "El desastre del conquistador", pág. 124). Está ampliamente distribuido en la península (ver Fig. 8b, pág. 67).

LA FAMILIA DEL SAPO BORRACHO
Rhinophrynidae

El nombre de la familia proviene del género *Rhinophrynus*, que se deriva de las palabras griegas *reino* que significa "nariz" y *phrynos* que significa "sapo". Esta es una pequeña familia que contiene solamente una especie: el sapo borracho.

Sapo borracho, Sapo moí, pochi, uo, ranita boquita
Rhinophrynus dorsalis

Dorsalis se refiere a la línea dorsal que tiene en la espalda. El sapo borracho es hijo único (Fig. 8-5). No hay otros miembros en esta familia. Es un sapo de cuerpo rechoncho, miembros cortos, cabeza pequeña (con un pequeño sombrero, por supuesto), ojos diminutos, hocico puntiagudo y cuerpo de entre 5 y 9 cm de longitud. En la mitad de la espalda presenta una línea de color anaranjado o rojo. Carece de dientes y de oído externo

THE MEXICAN BURROWING TOAD FAMILY
Rhinophrynidae

The family is named after the genus *Rhinophrynus*, derived from the Greek *reino*, meaning "nose," and *phrynos*, meaning "toad." This is a small family with only one species: the Mexican burrowing toad.

Mexican burrowing toad, Middle American burrowing toad
Rhinophrynus dorsalis

Dorsalis refers to the dorsal line down the toad's back. The Mexican burrowing toad is an only child (Fig. 8-5). There are no other members in this family. It is a plump toad between 5 and 9 cm (2 and 3.5 in) in length, with short limbs, small head (with a small sombrero, of course), tiny eyes and a pointy snout. It has a very characteristic red or orange line on the middle of its back. It lacks teeth and external membranes for hearing. Unlike other amphibians, its tongue is attached at the base of the mouth. It has only four digits in its hind feet and spurs, which facilitate burying into the ground. This species resembles a large sheep frog, which can be distinguished by a yellow dorsal line.

Burrowing toads spend most of their time underground near *aguadas* or *bajos*. They use their hind legs to burrow extremely fast and will emerge after heavy rains. They are nocturnal, fossorial (underground) and terrestrial. Their food consists of ants, termites and other small insects. When they are alarmed, they puff their body out to look like a flat ball. They are difficult to find in the dry season, but in the rainy season they form breeding choruses. Males sing while floating on the water. Their call sounds like a cowboy stopping his horse, cars being revved before a race or someone wretching: *whooooa*. A choir of burrowing toads may be heard as far as one mile away. They have pelvic (inguinal) amplexus and external fertilization. Females lay between 2000 and 8000 eggs in an elongated mass or singly. Eggs are fertilized in the water where tadpoles develop into terrestrial juveniles in 30 to 90 days. Burrowing toad tadpoles are peculiar, distinguished from other species by the whiskers around their mouth. Adults have lived up to two years in captivity.

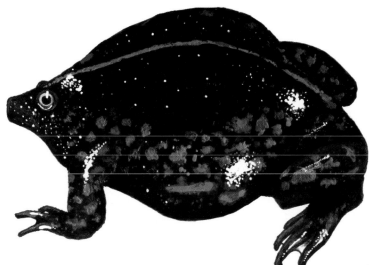

Fig. 8-5

y, a diferencia de la mayoría de los anfibios, su lengua está sujeta por la parte trasera. Tiene sólo cuatro dedos en las patas traseras con unos pequeños apéndices alargados que le ayudan a enterrarse. Es parecido a la rana manglera pero de mayor tamaño. En la rana manglera la línea dorsal es de color amarillo.

Estos sapitos pasan la mayor parte del tiempo enterrados cerca de aguadas o en bajos y emergen después de una fuerte lluvia. Se entierran rápidamente utilizando sus patas traseras. Son de hábitos nocturnos y terrestres. Se alimentan de termitas, hormigas y de otros insectos. Cuando se encuentran alarmados, estos sapos se hinchan hasta parecer una pelota aplanada. Son difíciles de ver, menos durante la temporada de lluvia cuando forman coros reproductivos. Los machos emiten su canto flotando sobre el agua. Su canto parece el grito que un vaquero utiliza para detener su caballo, o el ruido de carros acelerando antes de iniciar una carrera o el sonido que produce un borracho al vomitar: *uuuuuo*. Un coro de sapos borrachos se puede escuchar a más de un kilómetro de distancia. Su abrazo sexual es pélvico (inguinal) y la fertilización es externa. Las hembras ponen entre 2,000 y 8,000 huevos en forma de tubo o separados. Los huevos son fecundados en el agua y ahí se desarrollan los renacuajos transformándose en adultos en treinta a noventa días. Los renacuajos de esta especie son muy particulares y se caracterizan por las barbillas que presentan alrededor de la boca. Los sapos borrachos han llegado a vivir hasta dos años en cautiverio.

Su distribución se extiende desde el sur de Texas, hasta Yucatán y Honduras por el Atlántico y desde la Cuenca del Balsas de México, hasta Costa Rica por la vertiente del Pacífico. Se ha registrado en los tres estados de la península (ver Fig. 8b, pág. 67).

LA FAMILIA DE LAS RANAS TREPADORAS
Hylidae

El nombre Hylidae proviene del griego *hyla* y significa "bosque". Esta familia contiene alrededor de 630 especies, de las cuales nueve se han registrado en la península. La mayoría de las especies de esta familia son trepadoras y presentan dedos modificados con discos que les ayudan a pegarse a superficies lisas.

Ranita yucateca de casco, rana arbórea yucateca cabeza de pala
Triprion petasatus

El nombre *Triprion* proviene del griego *treis* que significa "tres" y *prion* que significa "sierra" en referencia al borde aserrado de los labios de esta rana. El nombre *petasatus* proviene del griego *petasos*, que es un tipo de sombrero de ala ancha, y del latín *atus* que significa "que lleva", refiriéndose a la cabeza en forma de casco. Son ranas delgadas con extremidades largas (Fig. 8-6). Los machos miden cerca de 5.5 cm y las hembras alcanzan alrededor de 7 cm. Su piel es de color café, verdoso o grisáceo, con algunas manchas oscuras, tanto en el cuerpo como en las extremidades. El vientre es de color claro. Las membranas entre los dedos están bien desarrolladas en las patas y poco desarrolladas en las manos. Las puntas de los dedos tienen forma de disco. La cabeza en forma de pato la hace inconfundible. La piel de la parte posterior de la cabeza se une al cráneo formando un casco.

Burrowing toads range from southern Texas to Yucatan and Honduras on the Atlantic coast and from the Balsas Basin in Mexico to Costa Rica on the Pacific coast. They have been documented in all three peninsular states (see Fig. 8b, page 67).

THE TREE FROG FAMILY
Hylidae

The word *hyla* is Greek for "forest." The family includes approximately 630 species. Only nine species have been recorded in the peninsula. Most species in this family are excellent climbers and have modified toes with disks on their tips that allow them to climb smooth surfaces.

Yucatan casque-headed tree frog
Triprion petasatus

The name *Triprion* comes from the Greek word *treis*, which means "three," and *prion*, which means "saw," making reference to the serrated edge of this frog's lips. The name *petasatus* comes from the Greek *petasos*, a type of broad-brimmed felt hat, and from the Latin word *atus*, which means "to carry," making reference to the shape of the frog's head. These are slender frogs with extremely long limbs (Fig. 8-6). Adult males reach 5.5 cm (2.2 in) in length, females 7 cm (2.8 in). They are brown, green or gray with dark blotches both on the body and limbs. The abdomen is tan white. Their toes have well-developed membranes, but they are less developed in their fingers. Their fingertips are disk-shaped. Their duck-shaped head makes then unmistakable. The skin in the back of the skull is fused to the head as if it were a helmet.

Casque-headed tree frogs spend the day inside hollow trees and rock crevices, plugging the entrance holes with their own heads. During the night they are active and feed on invertebrates and other frogs. Males call from trees and shrubs and sometimes from the pond's edge. Their call resembles a duck's quack or a herd of baby pigs: *quack quack quack*. Eggs are deposited in water and tadpoles are aquatic. They can live in captivity up to seven years.

Fig. 8-6

Durante el día se refugian en huecos de árboles y en las grietas de las rocas y tapan los agujeros de entrada con sus propias cabezas. Durante la noche están activas y se alimentan de invertebrados y de otras especies de ranas. Los machos cantan desde árboles y arbustos a las orillas de cuerpos de agua. Su canto se parece al sonido que emiten los patos o a una manada de cochinitos: *cuac cuac cuac*. Los huevos son depositados en el agua y los renacuajos son acuáticos. Han llegado a vivir hasta siete años en cautiverio.

Su distribución se restringe a la Península de Yucatán, al norte de Guatemala y al norte de Belice. Se ha registrado ampliamente en los tres estados peninsulares, pero al parecer son más abundantes en la parte noroeste de la península (ver Fig. 8b, pág. 67).

Rana arbórea, rana de ojos rojos, rana-hoja de ojos rojos, yaxmuch (M)
Agalychnis callidryas

El nombre *Agalychnis* proviene del prefijo griego *aga* que significa "intenso" y *lychnis* que es una planta con flores rojas escarlata y se refiere a las pupilas rojas de esta rana. El nombre *callidryas* proviene del griego y significa *kallos* "belleza" y *dryas* es la "ninfa de los árboles o del bosque" en la mitología griega. Esta rana es una de las más llamativas y más fotografiadas de la península (Fig. 8-7). Es de color verde brillante con algunas manchas blancas en la espalda y con el vientre de color claro. Sus extremidades y dedos tienen manchas de color amarillo o anaranjado. Su constitución es delicada con extremidades muy largas y con discos en la punta de los dedos. Los machos miden entre 4.5 y 5.5 cm y las hembras alcanzan hasta 6.5 cm. Sus grandes ojos son de color rojo y tienen la pupila verticalmente alargada. Su tímpano es de menor tamaño que el ojo.

Durante el día se encuentran durmiendo en las hojas y ramas de los árboles hasta 10 ó 15 m de altura. En la noche se mueven lentamente entre las ramas. Durante la época seca se refugian entre las bromelias. La reproducción se inicia con las lluvias. Su canto suena como un fuerte beso o como un claxon de bicicleta: *choc*, que generalmente producen desde lo alto de los árboles. Los machos se congregan en cuerpos de agua temporales y tiemblan rápidamente para intimidar a otros machos. Durante la época reproductiva se pueden notar las manchas nupciales en los pulgares de los machos. El amplexo es pectoral. Varios grupos de huevos (entre diez y ochenta cada uno) englobados por una masa gelatinosa transparente son depositados por debajo de las hojas de la vegetación que cuelga sobre el agua. Pueden poner hasta cinco grupos en una noche. En general, las ranas ponen sus huevos a una altura menor a un metro, pero se han registrado casos en donde los huevos están a más de 10 m de altura. Cada vez que un grupo de huevos es depositado la hembra regresa al agua, con el macho en su espalda, a recuperar el líquido perdido. Después de cuatro a seis días, los renacuajos caen directamente al agua para completar su desarrollo. Su transformación en adultos lleva entre cincuenta y ochenta días. Han llegado a vivir hasta cuatro años en cautiverio.

Se distribuye desde Veracruz, México, hasta el sur de Panamá. En la península está ausente de la parte norte de Campeche y del noroeste de Yucatán (ver Fig. 8c, pág. 67).

These frogs are restricted to the Yucatan Peninsula, northern Guatemala and northern Belize. They have been widely recorded in the three peninsula states, but seem to be more abundant in the northwest part of the peninsula (see Fig. 8b, page 67).

Red-eyed tree frog, red-eyed leaf-frog
Agalychnis callidryas

The name *Agalychnis* comes from the Greek prefix *aga*, which means intense, and *lychnis*, a plant with bright red flowers. The name makes reference to the red eyes of this frog. The word *callidryas* comes from the Greek *kallos*, which means "beauty," and *dryas*, the "tree or forest nymph" in Greek mythology. This is one of the most striking and photographed frogs of the peninsula (Fig. 8-7). It is bright green with small white spots on the back and a light colored abdomen. The insides of its limbs and toes are light yellow or orange. Its body is delicate with long limbs and disks on its fingertips. Males reach 4.5 to 5.5 cm (1.8 to 2.2 in) in length, females up to 6.5 cm (2.6 in). Its large eyes are red with a vertically elongated pupil. Its tympanum (hearing membrane) is smaller than its eyes.

These frogs spend the day sleeping on tree branches and leaves as high as 10 or 15 m. At night, they move extremely slowly among the branches. During the dry season they seek refuge in bromeliads. Breeding begins with the rains. Their call sounds like a loud kiss or a bicycle horn: *chock*. It is often produced from high up in the trees. Males congregate in temporal ponds and shake rapidly to intimidate other males. During the breeding season males develop dark nuptial spots on their thumbs. Amplexus is pectoral. Several egg clutches (with ten to eighty eggs each) within a mucilaginous coating are deposited on the leaves of plants that hang over water. They can lay up to five clutches in one night. Eggs are usually laid less than a meter high, but some have been found as high as 10 m. After depositing the clutch, the female and amplexed male return to the water in order to replace their body fluids. After four to six days, tadpoles emerge and fall directly into the water, where they complete their development. They become arboreal juveniles in fifty to eighty days. This species has lived up to four years in captivity.

These frogs range from Veracruz, Mexico, to southern Panama. In the peninsula they are absent from northern Campeche and northwestern Yucatan (see Fig. 8c, page 67).

Fig. 8-7

Rana arbórea, rana arbórea loquaz
Hyla loquax

Hyla en griego quiere decir "bosque". *Loquax* en latín significa "hablador", refiriéndose al ruidoso canto de los machos. Es la rana arbórea del género *Hyla* más grande de la península. A diferencia de la mayoría de las especies, los machos parecen ser más grandes o del mismo tamaño que las hembras. Los machos miden 4.5 cm y las hembras miden 4.2 cm. Su coloración es amarillenta clara con pequeñas manchas oscuras. Durante el día la coloración cambia a gris o crema. Las partes posteriores de las extremidades presentan manchas oscuras transversales. Es la única rana en la península con membranas interdigitales de color rojo o anaranjado y con la superficie posterior de las piernas de color rojo o rojo-anaranjado.

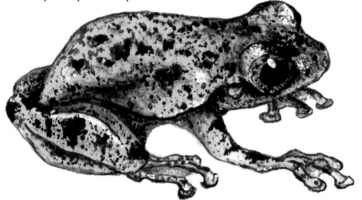

Fig. 8-8

Tiene ojos grandes y saltones con pupilas horizontalmente elípticas (Fig. 8-8). El tímpano es de dos a tres veces de menor tamaño que los ojos y la piel presenta un pliegue por arriba del tímpano. Tienen extremidades cortas y rechonchas y las membranas de los dedos bien desarrolladas. Las puntas de los dedos están modificadas en forma de disco. Los machos tienen un sólo saco vocal subgular. La piel es lisa en la espalda y ligeramente rugosa en el vientre.

Es una rana predominantemente arbórea que habita en bosques y sabanas. Se reproduce durante la estación de lluvias. Los machos cantan sobre los arbustos que se encuentran a la orilla de estanques permanentes o temporales. El canto es similar al de la ranita amarillenta pero más bajo y se ha descrito como un *caaac*. El amplexo es pectoral. Los huevos son depositados en agua en masas de hasta 250 huevos, adheridas a la vegetación. Los renacuajos se convierten en adultos en cuatro a seis semanas.

Se distribuye desde el istmo de Tehuantepec, México, hasta Costa Rica. En la Península de Yucatán, habita en el sur de Campeche, el este de Yucatán y en todo Quintana Roo (ver Fig. 8c, pág. 67).

Ranita arbórea amarilla, rana grillo, quech (M)
Hyla microcephala

El nombre *microcephala* proviene de *mikros* (griego), "pequeño" y *kephale* (griego) "cabeza", y evidentemente se refiere al tamaño relativamente pequeño de la cabeza de esta rana (Fig. 8-9). Es una rana de tamaño pequeño y color amarillento-anaranjado o grisáceo. Los machos miden 2.3 cm y las hembras son un poco mayores. La piel es lisa en el dorso

Loquacious tree frog
Hyla loquax

The name *Hyla* is derived from Greek for "forest" and *loquax*, (Latin) meaning "talkative," a reference to the noisy call of the males. This is the largest arboreal frog of the genus *Hyla* in the peninsula. Unlike other species, males are larger or the same size as females. Males reach 4.5 cm (1.8 in) in length, females 4.2 cm (1.7 in). Their color is light yellow with small dark spots. During the day their skin color changes to gray or cream. The posterior sides of their limbs have transversal dark blotches. This is the only frog in the peninsula with red or orange toe membranes and with legs that are red or red-orange on their posterior side.

Loquacious tree frogs have large, bulging eyes with horizontally elongated pupils (Fig. 8-8). The tympani are two or three times smaller than the eyes. They have a skin fold above the tympani. Their limbs are short and chubby, and the toe membranes are well developed. Their toe tips are disk-shaped. Males have one vocal sac below the throat. The skin is smooth in the back and slightly rough on the abdomen.

These frogs are predominantly arboreal and inhabit forests and savannas. They breed during the rainy season. Males sing on shrubs that are near temporal or permanent ponds. The song has been described as a *caaack*, lower than the call of the hourglass tree frog. Amplexus is pectoral. Eggs are deposited in clusters of up to 250 attached to vegetation. Tadpoles become adults in four to six weeks.

They range from the Isthmus of Tehuantepec, Mexico, to Costa Rica. In the Yucatan Peninsula they inhabit the south of Campeche, eastern Yucatan and all of Quintana Roo (see Fig. 8c, page 67).

Small-headed tree frog, yellow tree frog, yellow cricket tree frog
Hyla microcephala

The name *microcephala* originates from *mikros* (Greek), "small," and *kephale* (Greek) "head," and evidently refers to the relatively small head of this frog (Fig. 8-9). These are small frogs

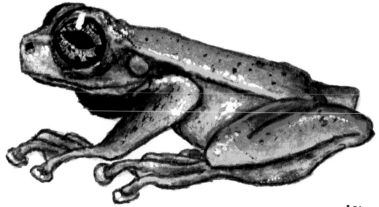

Fig. 8-9

y granular en el vientre. Las partes dorsales de las extremidades son oscuras con pequeñas manchas y barras oscuras. El vientre es de color blanco o cremoso. La garganta, el saco vocal y las partes ventrales de las extremidades son amarillentas. Tiene ojos grandes con pupilas elongadas horizontalmente. Las extremidades son largas y delgadas. Presentan membranas bien desarrolladas entre los dedos y las puntas de los mismos están modificadas en forma de discos.

Es una especie abundante y bien distribuida que utiliza hábitats perturbados. Son ranas insectívoras, arbóreas y nocturnas. Los machos cantan desde la vegetación emergente y desde árboles y arbustos cercanos al agua. Los machos poseen un sólo saco vocal medio. El canto se ha descrito como el sonido emitido por un insecto: *criiic criic criic*. Forman agregaciones en los estanques durante la temporada de lluvias. Depositan los huevos en el agua y los renacuajos también se desarrollan ahí. Los renacuajos son característicos ya que presentan una cola delgada que sobresale de la aleta dorsal. Los renacuajos se desarrollan en dos meses. Los adultos han llegado a vivir casi tres años en cautiverio.

Se parecen a las otras *Hyla*, pero la ranita pintada es más pequeña y tiene las piernas pigmentadas, mientras que la ranita arbórea loquaz es de mayor tamaño, tiene piernas pigmentadas y las membranas de los dedos de color rojo y rojo-anaranjado.

Se distribuye desde Veracruz hasta Colombia. En la península se ha registrado en el sur y este de Campeche, en el este de Yucatán y en todo Quintana Roo (ver Fig. 8c, pág. 67).

Ranita arbórea, ranita pintada, ranita grillo
Hyla picta

El nombre *picta* (latín) significa "pintada" y se refiere a los flecos y manchas del dorso de esta rana. Es la rana de menor tamaño en la península (Fig. 8-10). Los machos miden cerca de 2 cm y las hembras son un poco más grandes. Tiene ojos grandes con pupila horizontalmente elíptica. La piel del dorso es lisa y la del vientre es granular. Las extremidades son largas y delgadas. Las puntas de los dedos se expanden formando discos adhesivos. Los machos poseen un sólo saco vocal subgular. Son de color amarillo o amarillo-anaranjado, con manchas cafés y rojizas en el dorso. Tienen una línea clara rojiza, café o gris que se origina en la boca, pasa sobre el ojo, el tímpano y la parte lateral del cuerpo. Presentan un par de líneas dorsales de color crema. El canto de los machos también semeja el ruido de un insecto como la ranita arbórea (*Hyla microcephala*) o de un colibrí.

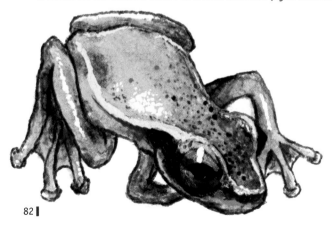

Fig. 8-10

that are yellow, orange or gray in color. Males reach 2.3 cm (1 in) in length; females are slightly larger. Their skin is smooth in the back and granular in the front. The upper part of the limbs is dark with small dark spots and bars. The abdomen is white or cream-colored. Their throat, vocal sac and their underparts are yellowish. They have large eyes and horizontally elongated pupils. Their limbs are long and slim. They have well-developed membranes between their toes and disk-shaped toe tips.

They are abundant and widespread and able to live in disturbed habitats. They are arboreal, nocturnal and feed on insects. Males sing from floating vegetation or from trees and shrubs that are close to the water. Males have only on vocal sac. Their call sounds like an insect sound: *criiic criic criic*. During the rainy season they gather in ponds where they deposit their eggs and the tadpoles develop. Their tadpoles are unique in that they have a thin tail sticking out from the dorsal fin. They develop in two months. Adults can live up to three years in captivity.

Small-headed tree frogs resemble other *Hylas*, but the painted tree frog is smaller and has pigmented legs, whereas the loquacious tree frog is slightly larger, with pigmented legs and red and orange membranes between the fingers.

This species ranges from Veracruz to Colombia. In the peninsula it is found in southern and eastern Campeche, eastern Yucatan and all over Quintana Roo (see Fig. 8c, page 67).

Cricket tree frog, painted tree frog
Hyla picta

The name *picta* (Latin) means "painted," and refers to the spots on the back of this frog. This is the smallest frog of the peninsula (Fig. 8-10). Males are slightly smaller than 2 cm (0.8 in) in length and females are a bit larger. Their eyes are large and have horizontally elongated pupils. Their skin is smooth on the back and granular on the ventral surface. Their limbs are long and slender; toe tips are disk-shaped. Males have one vocal sac below the throat. These frogs are yellow to yellow-orange with brown and red blotches on their back. They have a red, brown or gray line that starts on their snout and goes along the eye, tympanum and the lateral side of the body. They have a pair of cream-colored dorsal lines running down the back. The call of males resembles insect sounds like that of the small-headed tree frog or a flying hummingbird.

Cricket tree frogs gather to breed in ponds of varied sizes during the rainy season. They call from shrubs and other vegetation. Eggs are deposited in water, where the tadpoles develop in six to eight weeks.

They range from San Luis Potosi and Veracruz, Mexico, to northern Honduras. In the Yucatan Peninsula they have been recorded in southern Campeche, eastern Yucatan and throughout Quintana Roo (see Fig. 8c, page 67).

Se congregan a reproducirse durante la época de lluvias en estanques de muy diversos tamaños. Cantan desde arbustos y otra vegetación. Depositan los huevos en el agua y ahí se desarrollan los renacuajos en seis a ocho semanas.

Se distribuye desde San Luis Potosí y Veracruz, México, hasta el norte de Honduras. En la Península de Yucatán se ha registrado en el sur de Campeche, en el este de Yucatán y en todo el estado de Quintana Roo (ver Fig. 8c, pág. 67).

Fig. 8-11

Ranita amarillenta, rana arbórea amarillenta
Hyla ebraccata

El nombre *ebraccata* proviene del latín *e* que significa "sin" y *bracatus*, que significa "calzones", en referencia al color pálido de los muslos, que hace parecer que extraviaron los pantalones. Son ranas pequeñas (Fig. 8-11). Los machos miden cerca de 2.5 cm y las hembras son un poco más grandes (3.6 cm). Tiene ojos grandes, dos o tres veces mayores que el tímpano. Su pupila es horizontalmente elíptica. Las puntas de los dedos presentan discos adhesivos. Tienen membranas entre los dedos de las manos y de las patas. Su piel es lisa en la parte dorsal y granular en el abdomen. Los machos poseen un sólo saco vocal. Su color es amarillo o amarillo-anaranjado, con una sola mancha café en la espalda que semeja un reloj de arena. Tienen una línea café que se origina en la trompa, pasa sobre el ojo, el tímpano y la parte lateral del cuerpo. También presenta manchas en las extremidades pero no en los muslos, de donde viene su nombre.

Se congregan a reproducirse durante la época de lluvias en estanques temporales. Cantan desde arbustos y otra vegetación. El canto de los machos también semeja el ruido de un insecto o un resorte de cama rechinando como la ranita arbórea *Hyla microcephala*: cric cric cric cric. Depositan grupos de veinte a ochenta huevos en las hojas de los arbustos que cuelgan sobre el agua. Cuando los renacuajos nacen, caen directamente al agua, donde completan su desarrollo en cuatro a seis semanas.

Se distribuye desde Veracruz y Oaxaca, México, hasta Panamá y Colombia. En la Península de Yucatán se ha registrado solamente en una región restringida del centro de Quintana Roo y recientemente en Campeche (ver Fig. 8c, pág. 67).

Rana arbórea, rana lechosa, rana arbórea lechosa, quech (M)
Phrynohyas venulosa

El nombre *Phrynohyas* se deriva del griego *phrynos*, que quiere decir "sapo" e *hyla*, que quiere decir bosque. El nombre *venulosa* proviene del latín *venula* que significa "pequeña vena" y *osa* que significa "lleno de" en referencia a la piel glandular (Fig. 8-12).

Hourglass tree frog, variegated tree frog
Hyla ebraccata

The name *ebraccata* comes from the Latin word *e*, which means "without," and *bracatus*, which means "trousers," making reference to the light color of their legs, which makes them look as if they left their pants elsewhere. Hourglass tree frogs are small (Fig. 8-11); males reach 2.5 cm (1 in) in length, while females are slightly larger (3.6 cm or 1.44 in) (Fig. 8-11). Their eyes are large, two to three times the size of the tympanum. Their pupils are horizontally elliptic. Their toe tips have sticky disks. They have membranes between both their front and rear toes. Their skin is smooth on the back and granular on the ventral surface. Males have only one vocal sac. These frogs are yellow or yellow-orange, with a brown blotch on their back that resembles an hourglass. They have a brown line that begins on the snout, extends over the eye and the tympanum, and continues along the side of the body. Several spots cover the "trousered" parts of their limbs.

Hourglass tree frogs gather in temporal ponds to breed during the rainy season. They call from shrubs and other vegetation. Their call is like an insect sound or noisy bed springs, similar to that of the small-headed tree frog: *cric cric cric cric*. They deposit from 20 to 80 eggs on the leaves of shrubs that hang above the water. When the tadpoles hatch they fall directly into the water, where they complete their development in four to six weeks.

These frogs range from Veracruz and Oaxaca, Mexico, to Panama and Colombia. In the Yucatan Peninsula they have only been recorded in a restricted area in central Quintana Roo and more recently in southwestern Campeche (see Fig. 8c, page 67).

Veined tree frog, pepper tree frog, milky tree frog
Phrynohyas venulosa

The name *Phrynohyas* is derived from the Greek word *phrynos*, which means "toad," and *hyla*, which means "forest." The name *venulosa* comes from the Latin word *venula* that means "small vein," and *osa* that means "full of," referring to their glandular skin (Fig. 8-12).

Fig. 8-12

Anteriormente se consideraba como una especie de *Hyla*. Esta es la rana arbórea de mayor tamaño en la península. Los machos miden cerca de 7.5 cm y las hembras miden casi 8 cm. La pupila está alargada horizontalmente. Las extremidades son cortas y robustas y los dedos están unidos por membranas. La punta de los dedos se expande en forma de disco adhesivo. A diferencia de otras ranas arbóreas, estas ranas tienen la piel glandular. Las glándulas secretan una sustancia lechosa y pegajosa, que causa estornudos y es sumamente irritante a las mucosas. Esta sustancia también causa dolor cuando toca heridas superficiales. Los machos de esta especie son los únicos en la península que poseen sacos vocales laterales. Pueden cantar desde alguna planta, pero generalmente lo hacen al flotar en el agua. Al cantar, los sacos se inflan rodeando la cabeza. Su coloración es café claro con algunas manchas oscuras con borde negro. Las extremidades tienen manchas transversales oscuras. El canto semeja un gruñido o el rechinido de una puerta: *grrraaack*.

Durante la época seca estas ranas se refugian en bromelias, en la corteza y huecos de árboles. Se alimentan de chapulines, escarabajos, moscas y otros insectos y a veces de otras ranas. Su reproducción empieza con las lluvias. Se forman grandes congregaciones reproductivas en los cuerpos de agua temporales. Los machos cantan desde la superficie del agua. El amplexo es pectoral. Los huevos son depositados en la superficie del agua como una lámina delgada. Los renacuajos se desarrollan en un mes y medio. Han llegado a vivir hasta diez años en cautiverio.

Tiene una distribución geográfica amplia desde Tamaulipas y Sinaloa, México, hasta Argentina y Brasil. En la península se ha documentado ampliamente en los tres estados (ver Fig. 8b, pág. 67).

Ranita arbórea, rana arbórea trompuda de Stauffer
Scinax staufferi

El nombre de *Scinax* se deriva del griego *skinax* que significa "rápido" en referencia a los ágiles movimientos de esta rana. El nombre *staufferi* parece ser en honor de alguien llamado Stauffer, pero no se conoce con certeza. Anteriormente, esta especie (Fig. 8-13) se

Fig. 8-13

They were previously considered to be a species of *Hyla*. Veined tree frogs are the largest arboreal frogs in the peninsula. Males reach nearly 7.5 cm (3 in) in length, females nearly 8 cm (3.2 in). Their pupils are horizontally elongated. Their limbs are short and stocky and membranes join their toes, with toe tips expanded into sticky disks. Unlike other tree frogs, veined frogs have glandular skin. Their glands secrete a sticky, milky substance, which is highly irritating to mucous membranes, often causing people to sneeze, thus the name pepper tree frog. This substance also causes pain if it comes in contact with superficial wounds. Male veined tree frogs are unique in the peninsula for possessing lateral vocal sacs. They usually call when floating on the water, although they will call from vegetation. When they call, the sacs inflate around the head. They are light brown with some dark blotches that have black borders. Their limbs have dark transversal blotches. Their song resembles the squeak of a door: *grrraaack*.

During the dry season they seek refuge in bromeliads, under tree bark and in hollow trees. They feed on grasshoppers, beetles, flies and other insects, and occasionally they feed on other frogs. Rains initiate breeding behavior. Large breeding groups gather at temporary ponds, and males sing from the water surface. Amplexus is pectoral. Eggs are deposited on the water surface in a film. Tadpoles develop into arboreal juveniles in a month and a half. They have lived up to ten years in captivity.

Veined tree frogs have a wide range from Tamaulipas and Sinaloa, Mexico, to Argentina and Brazil, and are widespread in the three states of the peninsula (see Fig. 8b, page 67).

Stauffer's tree frog, Stauffer's long-nosed tree frog
Scinax staufferi

The name *Scinax* is derived from the Greek word *skinax*, which means "fast," referring to the agile movements of this frog. The name *staufferi* seems to be in honor of someone named Stauffer, but this is not certain. This frog was previously considered within the genera *Hyla* and *Ololygon*. These are small frogs, flat-headed and large-eyed, with horizontally elongated pupils (Fig. 8-13). Their color is gray or grayish brown on the back with elongated black or dark brown blotches. Their ventral side is gray. Limbs have dark blotches. Males reach 2.5 cm (1 in) in length, and females are slightly larger. Males have only one vocal sac below the throat. Limbs are long, and their toe tips have sticky disks. The membranes on their feet only reach half of the toe length. There are no membranes on their hands.

During the dry season Stauffer's tree frogs seek refuge under tree bark, inside bromeliads, on rolled banana leaves or inside buildings. Similar to the common Mexican tree frog, they are often found near human settlements. They breed at the beginning of the rainy season. Males gather at temporary or permanent ponds and call while hidden in vegetation. Males produce a nasal sound described as a car horn: *ah ah ah ah*.

They range from Tamaulipas and Guerrero, Mexico, to Panama. They are widely distributed in the peninsula but are uncommon in the northwest (see Fig. 8b, page 67).

ha considerado dentro de los géneros *Hyla* y *Ololygon*. Es una rana de pequeño tamaño, cabeza plana, de grandes ojos con pupilas horizontalmente alargadas. La piel es de color gris o grisáceo-café en el dorso con manchas alargadas de color negro o café oscuro. El vientre es de color gris. Las extremidades también tienen manchas oscuras atravesadas. Los machos miden alrededor de 2.5 cm mientras que las hembras son un poco más grandes. Los machos tienen un sólo saco vocal subgular. Las extremidades son largas y poseen discos adhesivos en la punta de los dedos. Los dedos de las manos carecen casi completamente de membranas, mientras que los dedos de las patas tienen membranas hasta la mitad de su longitud.

En la época seca, se refugian por debajo de la corteza de los árboles, dentro de bromelias, en hojas de plátano o en habitaciones humanas. Al igual que la rana trepadora, a menudo se encuentran en áreas habitadas. Se reproducen al principio de la temporada de lluvias. Los machos se congregan en estanques temporales o permanentes y cantan escondidos entre la vegetación. El macho produce un sonido nasal que suena como claxon de automóvil: *ah ah ah ah*.

Se distribuye desde Tamaulipas y Guerrero en México, hasta Panamá. En la península de Yucatán es una especie de distribución amplia pero poco común en el noroeste (ver Fig. 8b, pág. 67).

Rana trepadora, rana arbórea de Baudin, quech (M)
Smilisca baudinii

El nombre de *Smilisca* se deriva de *smile* (griego) que significa "cuchillo" o "sable" y de *iskos* (diminutivo) en referencia a la forma de un hueso de su frente. El nombre *baudini* es en honor al comandante francés Tomás Nicolás Baudin (1756-1803), quien fue Capitán de la marina mercante y militar. Baudin donó el espécimen tipo (espécimen con el que se describió a la especie) al Museo de Historia Natural de París. Es una rana robusta y de tamaño mediano (Fig. 8-14). Los machos miden cerca de 5.5 cm (hasta 7.6 cm) mientras que las hembras miden cerca de 6.5 cm (hasta 9 cm). Son muy variables en su coloración. Pueden ser cafés, verdes, con manchas irregulares de marco negro. Las extremidades tienen manchas oscuras transversales. El vientre es de color cremoso, blanco o amarillento. Tiene manchas claras debajo del ojo, en la base del brazo y una mancha oscura que va del oído hacia el hombro.

Parece ser la especie más abundante en la península. Habita en una gran variedad de lugares. Los machos tienen dos sacos vocales y cantan desde arbustos, pequeños árboles o a la orilla de charcos temporales. El canto ha sido descrito como: *uonk uonk uonk* o *rac rac*. Las hembras ponen los huevos en forma de lámina delgada en la superficie del agua. Los renacuajos tardan de dos a tres meses en convertirse en adultos.

Durante el día y en la época seca se refugian en huecos de árboles, hojas de plátano, y bajo la corteza. Es fácil verlas en habitaciones humanas. Han llegado a vivir hasta seis años en cautiverio.

Se distribuye desde el sur de Texas en los Estados Unidos hasta Panamá. En la península se encuentra ampliamente distribuida (ver Fig. 8b, pág, 67).

Common Mexican tree frog, Baudin's tree frog
Smilisca baudinii

The name *Smilisca* comes from the Greek *smile*, which means "knife" or "saber," and *iskos* (diminutive), in reference to the form of their forehead bone. The name *baudinii* is given in honor of the French commander Tomas Nicolas Baudin (1756-1803), who donated the type specimen (the specimen used to described the species) to the Natural History Museum of Paris. Common Mexican tree frogs are robust frogs of moderate size (Fig. 8-14). Males reach 5.5 cm (2.2 in) in length whereas females reach 6.5 cm (2.6 in). They are extremely variable in color. Common Mexican tree frogs may be brown or green with irregular blotches with black edges. Their limbs also have transversal dark blotches; bellies are white, yellowish or cream-colored. They have light spots under the eyes and near their "armpits" and a dark spot from the tympanum to the shoulder.

This seems to be the most abundant species in the peninsula. They live in a variety of places. Males have paired vocal sacs and call from shrubs, small trees or from the edges of temporary ponds. Their call has been described as a car horn: *wonk wonk wonk* or *rac rac*. Females lay their eggs in a thin layer on the surface of the water. Tadpoles take two to three months to develop into adults. They have lived up to six years in captivity.

During the day and in the dry season they hide in hollow trees, banana leaves and under bark. They also inhabit human buildings.

They range from southern Texas in the United States to Panama and are widely distributed in the peninsula (see Fig. 8b, page 67).

Fig. 8-14

Fig. 8-15

LA FAMILIA DE LAS RANAS DE DEDOS DELGADOS
Leptodactylidae

El nombre Leptodactylidae proviene del griego y significa "dedos (*leptos*) delgados (*daktylos*)". Esta familia contiene alrededor de 700 especies. Cuatro especies se han registrado en la península . Varias especies de esta familia producen nidos de espuma para poner sus huevos. Esto les ha permitido colonizar hábitats más secos que otras especies, ya que el nido preserva la humedad cuando no hay lluvias. La rana Yucateca presenta desarrollo directo a partir de los huevos de donde salen adultos en miniatura.

Rana yucateca
Eleutherodactylus yucatanensis

El nombre *Eleutherodactylus* proviene del griego *eleutheros* que significa "libre" y *daktylos* que quiere decir "dedos" refiriéndose a la carencia de membranas entre los dedos. El nombre latín *yucatanensis* se refiere a su distribución restringida a la península. La rana Yucateca es de tamaño mediano, de color café olivo o gris en la espalda y casi transparente en el vientre (Fig. 8-15). Las hembras miden alrededor de 3.4 cm. La cabeza es aplanada y ancha. Las extremidades son robustas y las puntas de los dedos están modificadas en forma de discos. Carecen de membranas entre los dedos. Tienen ojos grandes y saltones y tímpanos pequeños.

Pertenece a un grupo de ranas que se han independizado del medio acuático. La mayoría depositan sus huevos en lugares húmedos en situaciones terrestres y no tienen etapa de renacuajos, es decir, de los huevos se producen ranas con la forma de los adultos en miniatura. Se conoce muy poco sobre la biología de esta especie y se desconoce su canto. Son terrestres y de hábitos nocturnos y se han registrado en cuevas.

Es una rana endémica de la península, con distribución restringida a una pequeña región del noreste de Yucatán y norte de Quintana Roo (ver Fig. 8e, pág. 67).

Ranita de la hojarasca, ranita de charco, ranita espumera de dedos marginados
Leptodactylus melanonotus

El nombre *Leptodactylus* proviene del griego y significa *leptos* que quiere decir "delgado" y *daktylos* que quiere decir "dedos". El nombre *melanonotus* proviene del latín *melas* y *notos* que quieren decir "negro" y "espalda", respectivamente, refiriéndose a la espalda oscura de muchos individuos (Fig. 8-16). Son ranas de tamaño mediano y de color café

THE SLIM FINGER FROG FAMILY
Leptodactylidae

The name Leptodactylidae comes from the Greek word *leptos*, which means "slim," and *daktylos,* meaning "fingers." The family includes approximately 700 species. Four species have been recorded in the peninsula. Several species in this family produce foam nests in which they lay their eggs. Because the nest preserves humidity when there is no rain, this characteristic enables them to colonize drier habitats than other species. The Yucatan rain frog does not produce tadpoles. Juveniles emerge from eggs, instead, as "miniature adults."

Yucatan rain frog
Eleutherodactylus yucatanensis

The name *Eleutherodactylus* comes from the Greek *eleutheros*, which means "free," and *daktylos*, which means "fingers." The name refers to the lack of membranes between the toes. The Latin name *yucatanensis* refers to this frog's restricted distribution to the peninsula. Yucatan rain frogs are of moderate size, brown-olive or gray in color on their back and almost transparent on the ventral surface (Fig. 8-15). Females are approximately 3.4 cm (1.3 in) in length. The head is flat and wide. Their limbs are robust, and their toe tips are modified into disks. They do not have membranes between their fingers. Their eyes and tympanum are large and bulging.

Yucatan rain frogs belong to a group of frogs that are independent of the aquatic environment. Most of them lay their eggs in humid places on land. Juveniles emerge as "miniature adults." Little is known about the biology of this species. Their call has not been described. They are terrestrial, nocturnal and have been recorded to inhabit caves.

This frog is endemic to a small area of northeast Yucatan and northern Quintana Roo (see Fig. 8e, page 67).

Black-backed frog, fringe-toed foam frog
Leptodactylus melanonotus

Their name *Leptodactylus*, as mentioned above, comes from the Greek *leptos*, which means "slim," and *daktylos,* meaning "fingers." The name *melanonotus* comes from the Latin *melas* and *notos* meaning "black" and "back," respectively. It refers to the dark back of many individuals of this species (Fig. 8-16). These frogs are of moderate size and are dark brown, gray or black on their back. Their throat is dark brown or gray. Unlike the

Fig. 8-16

oscuro, gris o negro en la espalda. La garganta es de color café oscuro o gris. El vientre presenta numerosos puntos o manchas de color café. A diferencia de la ranita espumera de labio blanco, su piel es lisa. Los machos miden alrededor de 3.6 cm y las hembras miden de 3 a 5 cm. Su cabeza es ancha, su hocico achatado y su cuerpo es corto y robusto. Los ojos son grandes con pupilas horizontalmente alargadas. Los machos presentan espinas queratinizadas en la base del dedo pulgar de las manos, característica que los distingue de todas las otras especies. La queratina es una proteína que protege la piel. Es el componente principal de uñas, plumas y pezuñas. Carecen de membranas entre los dedos.

Son terrestres y nocturnas. Utilizan una gran variedad de hábitats. Se reproducen durante la estación de lluvias y empiezan a cantar un poco antes de que empiecen las lluvias. Los machos cantan desde la orilla de los estanques, generalmente bien escondidos. Su canto es parecido al sonido de un ave y se ha descrito como un simple: *tuc tuc tuc* o *clic clic clic* o *pic pic pic*. Los huevos son depositados en pequeños nidos de espuma en charcos. Los renacuajos son acuáticos.

Se distribuye desde Sonora y Tamaulipas en México hasta Ecuador. En la península ha sido registrada ampliamente (ver Fig. 8b, Pág. 67).

Ranita de charco, ranita del sabinal, ranita espumera de labio blanco
Leptodactylus labialis

El nombre *Leptodactylus* (griego) significa "dedos (*daktylos*) delgados (*leptos*)". El nombre *labialis* (latín) quiere decir "relativo a los labios" refiriéndose a la línea blanca de los labios de este especie. Algunos autores utilizan incorrectamente el nombre de *Leptodactylus fragilis* para esta especie. Es una rana de mediano tamaño y color variable, generalmente con manchas de color café oscuro, gris, o veces rojizo en la espalda y de color cremoso sin manchas en el abdomen (Fig. 8-17). La parte dorsal de las extremidades también presenta manchas oscuras transversales. El hocico es puntiagudo y su tímpano es notable. Los dedos tienen las puntas ligeramente expandidas y carecen de membranas. La mayoría de los individuos tienen una línea característica de color crema en el labio superior y un disco ventral. Al parecer hembras y machos son de tamaño similar, entre 3.5 y 5 cm.

Es una especie generalista y ampliamente distribuida en una variedad de hábitats, particularmente si existen cuerpos de agua permanentes. Su canto producido por un par de sacos vocales externos se ha descrito como una serie de notas simples o como un silbido corto y repetido: *juit juit juit*. Los machos cantan desde las orillas de los cuerpos de agua. El amplexo es axilar. Construye un nido de espuma de secreciones glandulares que semejan una clara batida de huevo, en donde ponen entre 25 y 250 huevos. Los renacuajos son acuáticos y se transforman en adultos en menos de dos semanas.

Viven desde el sur de Texas en Estados Unidos hasta Venezuela. En la Península de Yucatán tiene una distribución amplia (ver Fig. 8b, pág. 67).

white-lipped frog, their skin is smooth. Males reach 3.6 cm (1.4 in) in length, while females range from 3 to 5 cm (1.2 to 2 in). They have a broad head and a rounded snout, and their body is short and stocky. Their eyes are large, and their pupils are horizontally elongated. Unlike any other species in the peninsula, males have two keratinized spines at the base of their thumbs. Keratine is the main component in nails, feathers and hooves. They lack membranes between their toes.

Black-backed frogs are terrestrial and nocturnal and live in a variety of habitats. They breed during the rainy season and begin singing just before the onset of the rains. Males sing while well concealed near the shores of the ponds. Their call has been described as similar to a bird call: *took took took took* or *click click click* or *pic pic pic*. The eggs are laid in small foam nests in puddles. Tadpoles are aquatic.

Black-backed frogs range from Sonora and Tamaulipas, Mexico, to Ecuador. They have been widely recorded in the peninsula (see Fig. 8b, page 67).

White-lipped frog, white-lipped foam frog
Leptodactylus labialis

The name *Leptodactylus* (Greek) comes from *leptos*, meaning "slim," and *daktylos*, which means "fingers," as previously described. The name *labialis* (Latin) means "relative to lips" and refers to the white line on the lips of this species. Some authors incorrectly use the name *Leptodactylus fragilis* for this species. These medium-sized frogs are highly variable in color (Fig. 8-17). They usually have dark brown, gray or sometimes reddish blotches on the back and are cream-colored or gray on the ventral side. The dorsal side of the limbs has dark transversal blotches. These frogs have a pointy snout and a conspicuous tympanum. Their toe tips are slightly expanded and lack membranes between the toes. Most individuals have a cream-colored line on their upper lip and a ventral disk. Both sexes are similar in size, ranging from 3.5 to 5 cm (1.4 to 2 in) in length.

Fig. 8-17

White-lipped frogs are a widely distributed species that live in a variety of habitats, particularly where there are permanent ponds. Their call has been described as a series of simple notes or short whistles: *juit juit juit*. Males call from the edge of ponds. The amplexus is axillary. Their foam nests are built with a glandular secretion that resembles a battered egg yolk. They lay between 25 and 250 eggs in the foam nest. Tadpoles are aquatic and develop into adults in two weeks.

Sapito, sapillo o ranita túngara
Physalaemus pustulosus

El nombre *Physalaemus* proviene del griego *physa* que quiere decir "burbuja" y de *laemus* que significa "garganta", refiriéndose a los sacos vocales de los machos. El nombre *pustulosus* quiere decir "cubierto de granos" describiendo la apariencia de la piel llena de verrugas de esta rana. Es una rana pequeña de cuerpo rechoncho y cabeza angosta (Fig. 8-18). Los machos miden alrededor de 3.3 cm mientras que las hembras alcanzan hasta 3.5 cm. Son de color café, gris con manchas café rojizas o negras en la espalda. Los ojos son relativamente grandes y las pupilas están alargadas horizontalmente.

Tienen una glándula relativamente grande en la base posterior del cuello. Sus extremidades son delgadas y los dedos carecen de membranas. A diferencia de otras ranas, la ranita túngara tiene la piel cubierta de verrugas y puede llegar a confundirse con los sapos. Sin embargo, carece de glándulas parotoides. El tímpano no es distinguible. Los machos tienen un saco vocal por debajo de la garganta, y presentan asperezas "nupciales" en el dedo pulgar.

Habita en zonas abiertas y en selvas deciduas. Son de hábitos terrestres y nocturnos. Se congregan durante la época de lluvias para reproducirse en estanques y pequeños charcos. Construye un nido flotante de espuma en donde pone sus huevos. Durante el amplexo el macho presiona con sus patas el abdomen de la hembra para que expulse cuatro o cinco huevos. El macho toma los huevos y los lleva a su cloaca para fecundarlos y batirlos, produciendo la espuma y repite la operación después de unos diez segundos. Después de unos seis días nacen los renacuajos y a los diez días sus patas traseras se encuentran bien formadas. A las cuatro o seis semanas se convierten en adultos. Han llegado a vivir hasta siete años en cautiverio.

Se le conoce como ranita túngara en Panamá debido al sonido que producen los machos en sus cantos. El canto de esta rana está compuesto por dos notas diferentes. Una nota baja que suena como cuerda *tún* y una o más notas altas que suenan como el gemido de un cachorro: *ga ra*.

Se distribuye desde Veracruz y Oaxaca, México, hasta Colombia y Venezuela. En la península se ha registrado en el suroeste de Campeche y en las cercanías de Chetumal en Quintana Roo (ver Fig. 8d, pág. 67).

Fig. 8-18

They range from southern Texas in the United States to Venezuela. They are widely distributed in the peninsula (see Fig. 8b, page 67).

Tungara frog
Physalaemus pustulosus

The name *Physalaemus* derives from the Greek words *physa*, which means "bubble," and *laemus*, which means "throat." It refers to the vocal sacs of males. The name *pustulosus* means "covered with pimples" and describes the skin of this frog. Tungara frogs are small with a rounded body and narrow head (Fig. 8-18). Males reach 3.3 cm (1.3 in) in length, whereas females can reach 3.5 cm (1.4 in). They are brown or gray with red-brown or black blotches on their back. They have relatively large eyes, and their pupils are horizontally elongated.

They possess a somewhat large gland on the back of their neck. Their limbs are thin, and their toes lack membranes. Unlike other frogs, tungara frogs have tough skin covered with warts, causing them to resemble toads, but they lack parotoid glands. The tympanum is indistinguishable. Males have a vocal sac under their throat and develop "nuptial pads" on their thumbs in the breeding season.

Tungara frogs live in open areas and deciduous forests. They are terrestrial and nocturnal and gather in small ponds and puddles to breed during the rainy season. They build foam nests in which they lay their eggs. During amplexus, males use their legs to squeeze the abdomen of females so she will deliver four or five eggs. The male then places the eggs at its cloaca where they are fertilized and scrambled into a foam that he produces. After ten seconds the male repeats the behavior. Tadpoles hatch after six days and have well-developed hind legs at ten days. They reach adulthood in four to six weeks. Individuals of this species have lived up to seven years in captivity.

They are known as tungara frogs in Panama because of the sound that males produce in their calls. Their calls are formed by two different notes. The first low note sounds like a string: *tun*, followed by one or several higher notes that sound like the whining of a puppy: *ga ra*.

Tungara frogs range from Veracruz and Oaxaca, Mexico, to Colombia and Venezuela. In the peninsula, they have been recorded in southwestern Campeche and near the city of Chetumal in Quintana Roo (see Fig. 8d, page 67).

THE NARROW-MOUTHED FROG FAMILY
Microhylidae

The name of this family originates from the Greek words *mikros*, which means "small," and *hyla*, which means "forest." The family contains approximately 280 species. Two species live in the peninsula. They are characterized by their small size and chubby shape, with short limbs, pointy-heads and a fold of skin on the back of the head. The throat is dark in males and light in females. They move the skin fold forward to remove insects from their eyes. They feed on small insects, particularly small beetles, termites and especially ants.

Fig. 8-19

LA FAMILIA DE LAS RANITAS DE LA BOCA CHIQUITA
Microhylidae

El nombre de la familia proviene del griego *mikros* que significa "pequeño" e *hyla* que significa "bosque". Esta familia comprende cerca de 280 especies de las cuales dos viven en la península. Son pequeñas, rechonchas, con brazos y piernas cortas, cabeza puntiaguda y un pliegue en la parte trasera de la cabeza. El color de la garganta es oscuro en los machos y claro en las hembras. Mueven el pliegue hacia adelante para remover insectos que les ataquen los ojos. Se alimentan de pequeños insectos, particularmente pequeños escarabajos, termitas y hormigas.

Sapito, ranita triangular, termitero elegante
Gastrophryne elegans

El nombre genérico *Gastrophryne* viene del griego (*gaster*, quiere decir "estómago" y *phrynas*, quiere decir "sapo") describiendo la panza gorda de este sapo. *Elegans* deriva del latín y quiere decir "elegante" y se refiere a su bella coloración (Fig. 8-19).

Estos sapos viven entre la hojarasca. Los machos miden entre 2 y 2.6 cm y las hembras de 2.6 a 2.9 cm. Tienen la cabeza puntiaguda con un pliegue en la parte trasera. Su coloración es café oscuro con manchas doradas en la espalda y en las piernas. Los lados son de color negro con pequeñas manchas blancas.

Se alimentan principalmente de hormigas y termitas y utilizan sus extendidos dedos para cubrirse con hojarasca. Tienen un apéndice en la parte interna de las patas traseras que utilizan para enterrarse. Durante el restringido período reproductivo se congregan en grandes números. La fertilización es externa. Los machos presentan glándulas abdominales que secretan una sustancia adhesiva que les ayuda a mantenerse pegados a las hembras durante la copulación. Las hembras ponen los huevos en estanques, donde se desarrollan los renacuajos. En tres o cuatro semanas se convierten en adultos.

Restringido a México (Veracruz, Tabasco y Campeche), Guatemala, Belice y Honduras. En la península está restringido al sur de Campeche y el extremo suroeste de Quintana Roo (ver Fig. 8d, pág. 67).

Rana manglera, rana ovejera, rana cabra, termitero balador, chacmuch (M)
Hypopachus variolosus

El nombre genérico *Hypopachus* viene del griego *hypo*, quiere decir "debajo" y *pachys* que quiere decir "grueso". El nombre de la especie *variolosus* proviene del latín *vario* que significa "cambio" y *osus* que quiere decir "lleno de" y se refiere a los patrones de coloración de su vientre (Fig. 8-20).

Elegant narrow-mouthed toad
Gastrophryne elegans

The generic name *Gastrophryne* is from the Greek words *gastro*, meaning "stomach," and *phryne*, which means "toad." This name describes the fat belly of this species. *Elegans* means "elegant" and refers to its beautiful coloration.

These toads live among leaf litter (Fig. 8-19). Males are only between 2 and 3.8 cm (0.8 and 1.5 in) in length, and females are slightly bigger, ranging between 2.6 and 2.9 cm (1 and 1.2 in). These toads have a pointed head and a fold of skin behind the head similar to that of the sheep frog. Their color is dark brown with golden blotches on the back and on the legs. The sides are black with small white spots.

Elegant narrow-mouthed toads mainly feed on ants and termites and use their fingers to cover themselves with leaf litter. They have one inner tubercle on their hind feet that they use to bury themselves. During the breeding season they congregate in great numbers. They have external fertilization. During copulation, males stick to females using an adhesive substance secreted by their abdominal glands. Females lay their eggs in ponds, which is where tadpoles then develop. In three to four weeks they become adults.

They are restricted to Mexico (Veracruz, Tabasco and Campeche), Guatemala, Belize and Honduras. In the peninsula they are restricted to southern Campeche and southwestern Quintana Roo (see Fig. 8d, page 67).

Sheep frog, Sheep toad
Hypopachus variolosus

The generic name *Hypopachus* is from the Greek words *hypo*, meaning "under," and *pachys*, meaning "thick." The species name *variolosus* comes from the Latin *vario*, meaning "change," and *osus*, meaning "full of." *Variolosus* refers to the color patterns on their ventral side (Fig. 8-20).

Sheep frogs resemble the larger elegant narrow-mouthed toads with their stocky bodies, short heads and limbs, and pointy snouts. The skin is smooth and is folded behind the eyes. Their coloration is highly variable, but in general they are reddish brown with dark blotches on the sides and on the back of the limbs. Their abdomen is lightly colored with dark spots. They have a thin light line in the middle of their back. Males are 3.3 cm (1.3 in)

Fig. 8-20

La rana ovejera parece una ranita triangular de mayor tamaño con cuerpo rechoncho, extremidades y cabeza pequeña, y hocico puntiagudo. Su piel es lisa y por detrás de los ojos tiene un pliegue transversal. En general, son de color café rojizo con manchas oscuras en los costados y en la parte dorsal de las extremidades. El vientre es de color claro con manchas oscuras. Tienen una línea muy delgada de color claro en medio de la espalda. Esta especie presenta una gran variabilidad en su coloración. Los machos miden cerca de 3.3 cm y las hembras miden 3.8 cm. Carecen de membranas entre los dedos. Tienen un par de tubérculos en los talones que utilizan para enterrarse.

Son comunes en la península. Se alimentan de hormigas y termitas. Son de hábitos terrestres y durante el día se esconden bajo troncos, piedras u hojarasca o se entierran. Se congregan en estanques temporales para reproducirse. El canto de la rana ovejera suena como el balado de una oveja, cabra o ternera, como el sonido de un barco en la lejanía o como una trompetilla: *beeee* que dura entre uno y seis segundos. Ponen entre treinta y cincuenta huevos en el agua que pueden convertirse en renacuajos en tan sólo veinticuatro horas. En tres o cuatro semanas se convierten en adultos.

Se distribuye desde el sur de Texas, Estados Unidos, y Sinaloa, México, hasta Costa Rica. Se encuentra ampliamente distribuida en la península (ver Fig. 8b, pág. 67).

FAMILIA DE LAS RANAS
Ranidae

El nombre de la familia proviene del latín *Rana* que significa "rana". La familia tiene más de 600 especies de las cuales dos viven en la Península de Yucatán. Son las clásicas ranas con la piel lisa y largas extremidades. Son semiacuáticas y capaces de dar grandes saltos. La mayoría ponen sus huevos en el agua, en donde se desarrollan los renacuajos.

Rana leopardo, Rana leopardo de Berlandier
Rana berlandieri

El nombre genérico *Rana* posiblemente es la imitación del canto de estos animales. El nombre *berlandieri* es en honor al naturalista Francés Jean Louis Berlandier quien fue enviado por el famoso botánico Prof. Augustin Pyramus de Candolle a colectar especimenes en México (1826-1834). La rana leopardo es la típica rana (Fig. 8-21). Son de gran tamaño llegando a alcanzar hasta 6.5 a 8 cm. Tienen la cabeza puntiaguda, ojos y tímpanos grandes. Presentan un par de pliegues a lo largo de los costados. Sus extremidades son bastante grandes. Carecen de membranas en las manos, pero las tienen bien desarrolladas en las patas. Su coloración es muy variable: desde verde muy claro hasta verde oscuro con café. Tienen el cuerpo cubierto de manchas oscuras. El abdomen es de color claro.

Su actividad es tanto diurna como nocturna y habitan principalmente lugares abiertos en la cercanía de los estanques. Se alimentan principalmente de invertebrados. Los machos cantan desde la superficie del agua produciendo un sonido como: *crac crac*. Las hembras depositan sus huevos en el agua, donde se desarrollan los renacuajos.

Se distribuye desde el centro de Texas y Nuevo México, Estados Unidos, hasta el norte de Nicaragua. Se encuentra ampliamente distribuida en la península (ver Fig. 8b, pág. 67).

long and females are 3.8 cm (1.5 in). They lack membranes between their fingers, yet have a couple of tubercles in their feet that are used to burrow.

Sheep frogs are common in the peninsula. They are terrestrial and during the day hide under logs, rocks or leaves, or they bury themselves. They feed on ants and termites. During the breeding season they gather in temporal ponds. Their call sounds like a sheep, goat or calf calling, or like the horn of a distant ship or a *trompetilla*: *beeee*. It lasts between one and six seconds. They lay between thirty and fifty eggs on the water. These eggs can transform into tadpoles in as few as twenty-four hours. In three to four weeks they become adults.

They range from southern Texas, United States, and Sinaloa, Mexico, to Costa Rica. They are widely distributed in the peninsula (see Fig. 8b, page 67).

THE FROG FAMILY
Ranidae

Rana means "frog" in Latin. The family contains more than 600 species. Only two species live in the peninsula. They are the classic frogs with smooth skin and long legs. They are semi-aquatic and excellent jumpers. The tadpoles develop in ponds where the eggs were laid.

Leopard frog, Rio Grande leopard frog
Rana berlandieri

The generic name *Rana* probably comes from the sound they produce. The species name *berlandieri* was given to honor the Swiss naturalist Luis Berlandier, sent to Mexico to collect specimens (1826-1834) by the famous botanist Prof. Augustin Pyramus de Candolle. Leopard frogs are the "typical" frogs (Fig. 8-21). They are relatively large and can measure up from 6.5 to 8 cm (2.6 to 3.2 in) in length. They have a pointy-head and large eyes and tympanum. A couple of evident ridges run along the flanks. Their legs are fairly long. They lack membranes in their hands but are well developed in their feet. Coloration is variable

Fig. 8-21

Rana verde, rana de Vaillant
Rana vaillanti

El nombre *vaillanti* es en honor al famoso herpetólogo francés del siglo XIX, Leon-Louis Vaillant. La rana verde (Fig. 8-22) es un poco más grande que la rana leopardo (Fig. 8-21). Las hembras miden 10 cm mientras que los machos alcanzan cerca de 8 a 12 cm. Son de color café oscuro con algunas manchas oscuras. Carece de manchas en la espalda y tiene una línea blanca en el labio.

Es una especie terrestre íntimamente asociada a cuerpos de agua. Se alimenta de invertebrados y de otras ranas. Su canto se parece al sonido de burbujas en el agua.

Se distribuye desde Veracruz y Oaxaca, México, hasta Ecuador y Colombia. En la Península de Yucátan se encuentra restringida al sur de Campeche y al extremo suroeste de Quintana Roo (ver Fig. 8d, pág. 67).

Fig. 8-22

from light green to dark green with brown and their bodies are covered with dark spots, but the abdomen is light colored.

Leopard frogs are active both during the day and at night and live in open places close to ponds. They feed on invertebrates. Males sing from the surface of the water: *crac crac*. Females deposit their eggs in the water where the tadpoles develop.

The distribution of this species (Fig. 8-21) ranges from central Texas and New Mexico, United States, to the north of Nicaragua. They are widely distributed in the peninsula (see Fig. 8b, page 67).

Green frog, Vaillant's frog
Rana vaillanti

The scientific name of the green frog is *vaillanti* after the famous nineteenth-century French herpetologist Leon-Louis Vaillant. Green frogs (Fig. 8-22) are slightly larger than leopard frogs (Fig. 8-21). Females reach up to 10 cm (4 in) while males are approximately 8 to 12 cm (3.2 in). Their dark brown skin has dark spots everywhere but of their backs. They have a white line near the mouth.

Green frogs are terrestrial but closely associated with ponds. They feed on invertebrates and other frogs. Their call sounds like water bubbles.

They range from Veracruz and Oaxaca, Mexico, to Ecuador and Colombia. In the Yucatan Peninsula they are restricted to southern Campeche and southwest Quintana Roo (see Fig. 8d, page 67).

Nuestra deuda

Ranas, sapos y salamandras han prestado y siguen prestando una variedad de servicios a la humanidad, que van desde las suculentas ancas de ranas hasta sustancias que pueden ser la solución para las úlceras gástricas y la enfermedad de Alzhaimer.

Las ranas y sapos han sido parte integral de muchas culturas. Entre los Mayas de la península, estos anfibios han tenido una posición central tanto en creencias como en ceremonias. Los sapos figuran varias veces en las historias de *Los Libros de Chilam Balam*, atribuidos a los sacerdotes jaguares de Yucatán, en las páginas del *Códice Madrid* y como motivos en cerámica, *chultunes* (cisternas creadas por los Mayas) y otras construcciones en sitios arqueológicos. Se han encontrado restos de esqueletos de sapos en enterramientos por toda la zona maya. Debido a la fuerte estacionalidad de la lluvia en la península, las ranas y los sapos tienen una importancia muy grande como enlace entre la tierra y el agua, y aún en la actualidad juegan un papel preponderante en las ceremonias a la lluvia.

" Si hubiera que tener en cuenta los servicios prestados a la ciencia, la rana ocuparía el primer lugar ".

Dr. Claude Bernard, Francia

Ch'a Chaak, ritual de invocación a la lluvia

Desde tiempos remotos hasta el presente, en la Península de Yucatán se ha celebrado la ceremonia del Ch'a Chaak o "llamado a los Chacs." Los Chacs, también conocidos como

CHAPTER 9

Our debt

Frogs, toads and salamanders have long rendered their services to humanity and continue to do so to this day. We obtain succulent, edible frogs' legs from them, as well as substances that may assist the cure of gastric ulcers and Alzheimer's disease.

Frogs and toads have been very important in many cultures. Throughout the Mayan peninsula they occupy a central position in beliefs and ceremonies. Toads appear several times in stories of the *Books of Chilam Balam*, attributed to the jaguar priests of Yucatan. They are also present in the *Madrid Codex* and in pottery, *chultunes* (manmade wells created by the Maya) and in other archaeological sites. Toad skeletons have been found in human burial sites throughout the Mayan zone. Because of the extreme seasonality of rain in the peninsula, frogs hold great importance as a link between water and earth. Even today, they play an important role in rain ceremonies.

> "If we had to account for services rendered to science, the frog would be in first place."
>
> Dr. Claude Bernard, France

Ch'a Chaak rain invocation ritual

The ceremony Ch'a Chaak or "Call of the Chacs" has been celebrated from time immemorial to today in the Yucatan Peninsula. Chacs, also known as Papaptun and

Papaptun y Babatun, son los dioses yucatecos de la lluvia, personificados por viejos con pelo y barba blanca. Son considerados entre las deidades más importantes de la península. Los cuatro Chacs principales están relacionados con cuatro puntos cardinales: el Chac rojo al este, el Chac negro al oeste, el Chac blanco al norte y el Chac amarillo al sur, pero también hay otros Chacs menores.

Las ranas y sapos están cercanamente ligados a los Chacs, ya que con su croar anuncian la llegada de las lluvias. En algunas leyendas estos animales son considerados músicos e invitados de los Chacs. Durante la culminación de la ceremonia de Ch'a Chaak al tercer día, cuatro niños amarrados a las patas del altar representan ranas que croan de un modo especial para llamar a la lluvia, mientras que un viejo representando a Kunku Chac, jefe de los Chacs, reproduce el sonido de los truenos. Al parecer los sapos representados son el *uo* o sapo borracho (*Rhinophrymus dorsalis*) y el *totmuch* o sapo marino (*Bufo marinus*).

Los sapos llamados *uo* son una de las especies comúnmente identificada en las creencias Mayas. Estos sapos se entierran durante la temporada seca y resurgen al comenzar la temporada de las lluvias, por lo tanto simbolizan la resistencia del hombre a la sequía. El segundo mes de veinte días del calendario maya de dieciocho meses se conoce como *uo* y abarca del 5 al 24 de agosto de nuestro calendario, coincidiendo con plena temporada de lluvias. Los Mayas creen que el cuerpo rechoncho de estos sapos está lleno de atole de maíz nuevo. Debido a esto, en Belice y en Campeche a las niñas se les da un sapito *uo* para que lo pasen de una mano a otra a manera de juego. Se supone que este rito logrará que cuando crezcan sean buenas tortilleras (o biólogas). El *uo* es esogido ya que las tortillas al estar en el comal se inflan adquiriendo la forma globosa de este sapo.

Algunos antropólogos consideran que la presencia del sapo marino en motivos arqueológicos con sus glándulas bien detalladas, sugiere que esta especie era utilizada en las bebidas rituales de las ceremonias religiosas. Algunos componentes activos de la bufotenina contenida en las glándulas parotoides de los sapos están clasificados como sustancias alucinógenas. De hecho, estos sapos son utilizados en otras partes del mundo para provocar estados de conciencia alterada, ya sea hirviendo al sapo y consumiendo el líquido o fumándose su piel seca.

> " Ella se puso furiosa, levantó a la rana
> y con toda su fuerza la estrelló contra la pared,
> '¡Descansa ahí, rana asquerosa'! Le dijo.
> Pero al caerse al suelo y reventar, la rana se convirtió
> en el hijo de un rey con ojos hermosos y gentiles.
> Y por el testamento del padre, se convirtió
> en su querido compañero y marido ".

El rey-rana, Jacob y Wilhelm Grimm, Alemania

En muchas culturas las ranas y los sapos son los principales protagonistas de los cuentos de hadas. Son famosos por su habilidad de convertirse en apuestos príncipes cuando se les besa o cuando se les avienta contra la pared.

Babatun, are the Yucatan rain gods, personified by old men with gray hair and gray beards. They are considered some of the most important gods of the peninsula. The main four Chacs are related to the four cardinal points: red Chac to the east, black Chac to the west, white Chac to the north, and yellow Chac to the south. There are also other minor Chacs.

Frogs and toads are closely linked to Chacs, because they announce the arrival of the rain with their calls. In some legends, these animals are considered musicians and guests of the Chacs. During the third and last day of the Ch'a Chaak ceremony, four children tied to the legs of an altar represent frogs that call in a special way to bring rain, while an old man personifying Kunku Chac, chief of the Chacs, produces the sounds of thunder. It seems that the personified toads in the ceremony are the *uo* or Mexican burrowing toad (*Rhinophrynus dorsalis*) and the *totmuch* or cane toad (*Bufo marinus*).

The Mexican burrowing toad known locally as *uo*, is often identified in Mayan beliefs. These toads spend the dry season underground and emerge at the beginning of the rains. They symbolize, therefore, humankind's resistance to drought. The second month of twenty days (from August 5 to 24) in the Mayan calendar of eighteen months is also known as *Uo*. It coincides with the middle of the rainy season. Mayans believe that these toads are fat because their body is full of *atole* (a traditional corn drink) from new corn. In Belize and Campeche, girls are given an *uo* to play with, passing it from hand to hand. This game will make them good tortilla makers (or biologists) when they grow up. The *uo* is chosen because baked tortillas inflate and resemble the shape of this toad.

Some anthropologists believe that the depiction in archaeological motifs of the cane toad with clear parotoid glands suggests that this species was used in ritual drinks during religious ceremonies. Some of the active compounds of bufotenin produced by the parotoid glands of this toad have been classified as hallucinogenic. These toads are, in fact, used in other parts of the world to produce altered states of consciousness, either by boiling the toad and drinking the water, or by smoking or licking its dried skin.

> "At this she was terribly angry, and took him up
> and threw him with all her might against the wall.
> 'Now, will you be quiet, odious frog,' said she.
> But when he fell down he was no frog but a king's son
> with kind and beautiful eyes.
> He, by her father's will, was now her
> dear companion and husband."
>
> The Frog-King, Jacob and Wilhelm Grimm, Germany

In many cultures, frogs and toads are the main protagonists of fairy tales. They are famous for their ability to transform into handsome princes when kissed or when thrown against the wall.

En la comida: ¿Ancas de ranas en el menú?

Las ranas han sido parte del alimento de la humanidad desde mucho antes que los franceses las pusieran de moda. Han pertenecido al arte culinario de varias culturas incluyendo a los Mayas de la Península de Yucatán.

"Hubo una vez una hermosa princesa,
independiente y segura de sí misma,
que se encontró una rana en un charco.
La rana le dijo a la princesa,
'Yo era un apuesto príncipe hasta
que una bruja mala me hechizó.
Con un beso tuyo me convertiré de nuevo
en príncipe y nos podremos casar,
mudarnos al castillo con mi mamá,
y podrás preparar mis comidas,
limpiar mi ropa, criar a mis hijos
y de esta manera ser feliz por siempre.
Esa noche, la princesa se reía pensando, 'No, muchas gracias',
al tiempo que se cenaba unas deliciosas ancas de rana".

Anónimo

En la actualidad siguen siendo importantes en sociedades pobres que carecen de otras fuentes de proteínas y en sociedades afluentes como Francia y Estados Unidos. Francia importa alrededor de tres millones y medio de toneladas de ranas de Indonesia y Bangladesh. Estados Unidos importa entre mil y dos mil toneladas de ancas de rana al año. En el sur de Campeche y en el norte de Guatemala se consume al sapo borracho y las ancas de la rana leopardo.

"Si usted es de corazón delicado, compre las patas de rana
peladas y listas para asarlas (al menos cuatro por persona,
o sea dos animalitos asesinados por cada comensal),
porque si va a decapitarlos, cortarles las patas,
desmembrarles las piernas y arrancarles la piel,
lo más probable es que quede con náuseas
y mala conciencia por una semana.
En este caso el valor afrodisíaco de este plato será nulo".

Afrodita cuentos, recetas y otros afrodisíacos, Isabel Allende. Chile

La *chicha* de los Mayas de tierras altas, bebida embriagante hecha con raíces y hojas de tabaco y de otras plantas, es condimentada en algunos lugares con un sapo vivo y dejada fermentar por quince días o un mes hasta que todo se ha desintegrado.

As food: frog legs on the menu?

Frogs were part of the human diet long before the French popularized them. They have been part of the menu of several cultures including the Mayans of the Yucatan Peninsula.

> "Once upon a time, a beautiful,
> independent, self-assured princess
> happened upon a frog in a pond.
> The frog said to the princess,
> 'I was once a handsome prince until
> an evil witch put a spell on me.
> One kiss from you and I will turn back
> into a prince and then we can marry,
> move into the castle with my mom,
> and you can prepare my meals,
> clean my clothes, bear my children
> and be forever happy doing so.'
> That night, while the princess dined on frogs' legs,
> she laughed to herself and thought 'I don't bloody think so.'"
>
> Anonymous

They are still important today as a source of protein in developing countries, and as a delicacy in Europe and the United States. France imports approximately three and a half million tons of frogs from Indonesia and Bangladesh. The United States imports between one and two thousand tons of frog legs every year. In southern Campeche, both the Mexican burrowing toad and the legs of the leopard frog are consumed.

> "If you have a soft heart, buy the frog legs already peeled
> and ready to cook (at least four per person, or
> two little murdered animals for each guest),
> because if you are going to decapitate them,
> cut their feet, dismember their legs and rip their skin,
> it is highly probable that you will be nauseous
> and with a guilty conscience for a week.
> In this case, the aphrodisiacal value of this dish will be nil."
>
> *Aphrodite Stories, Recipes and Other Aphrodisiacs*, Isabel Allende, Chile

The alcoholic drink *chicha* of the Mayan highland is made with leaves and roots from tobacco and other plants. In some places it is spiced up with a live toad and left standing between two weeks and a month until everything has disintegrated.

Como compañeros vivos o muertos

Los anfibios siempre le han llamado la atención a la gente. La metamorfosis es como un acto de magia, en donde de unos minúsculos huevos, se producen renacuajos y de ahí, una magníficas ranitas. Es maravilloso poder presenciar este fenómeno y debido a esto muchas personas capturan renacuajos en estanques y los llevan a casa.

"Dicen que los sapos muerden
y eso es mentira de la gente.
Yo tuve un sapo en mi casa
y le besaba la frente".

Copla popular, Ecuador

La comercialización de ranas adultas como mascotas también ha incrementado mucho en los últimos años. En Norteamérica se pueden comprar ranas desde por $1 hasta $50 (U.S. dólares). Además existe una gran variedad de libros sobre los cuidados de los anfibios en cautiverio. Desafortunadamente, la mayoría de los anfibios que se venden son tomados de la naturaleza para su comercio.

" 'Es que no nos gusta movernos mucho,
y el acuario es tan mezquino;
apenas avanzamos un poco nos damos
con la cola o la cabeza de otro de nosotros;
surgen dificultades, peleas, fatiga.
El tiempo se siente menos si nos estamos quietos . . .'.
Fue su quietud lo que me hizo inclinarme fascinado
la primera vez que vi un axolotl".

"Axolotl", *Historias completas*, Julio Cortazar, Argentina

Otras personas, prefieren a sus anfibios secos. La grotesca artesanía de sapos disecados, fumando, bebiendo o tocando instrumentos han sido parte del folklore de los souvenirs desde hace muchos años en la República Mexicana. Recientemente, en Australia se ha comenzado a utilizar la piel del sapo gigante para hacer monederos para turistas. En Australia el comercio está dirigido a la utilización de una especie invasora, "matando dos pájaros de un tiro". Por una parte se remueve una especie nociva, y además se obtiene una ganancia del comercio de su piel. En cambio, en México se utilizan sapos nativos de los cuales se carece de información sobre su distribución y abundancia tanto como del impacto de su comercialización (ver "¿Cómo puedes ayudarlos?" pág. 128).

As dead or living friends

People have always been curious about amphibians. Their metamorphosis is like a magician's act, in which magnificent frogs appear from tiny little tadpoles that appear from minuscule eggs. Many people capture tadpoles and take them home to witness this marvelous phenomenon.

> " It is said that toads bite
> and that is a popular lie.
> I had a toad in my house
> that I kissed on the forehead."
>
> Popular verse, Ecuador

Commercialization of adult frogs as pets has increased greatly in the last few years. In North America it is possible to buy frogs priced at $1 to $50 (US dollars) or more. A variety of books are available on how to take care of captive amphibians. Unfortunately, most amphibians are taken from the wild for this trade.

> " 'The thing is, we love to move around,
> and the aquarium is so mean;
> no sooner do we step ahead than we bump
> against the tail or the head of another of us;
> difficulties, fights and fatigue arise.
> Time goes faster if we stay still....'
> It was his stillness that made me bend down
> in fascination the first time I saw an axolotl."
>
> "Axolotl," *Complete Histories*, Julio Cortazar, Argentina

Other people like their amphibians dry. For a long time in Mexico, grotesque souvenirs have been made of dry, stuffed toads and frogs smoking, drinking or playing instruments. Cane toad skin is being used in Australia to make coin wallets for tourists. In Australia this commercialization is directed at an exotic invasive species, thus "killing two birds with one stone": a vermin species is removed and a profit is made with the skin. In contrast, we know nothing about the status of the native populations of frogs and toads used in the "souvenir" industry in Mexico (see "How can you help them?" page 129).

Como fábricas químicas

Los anfibios son fábricas químicas vivas. Debido a que parte de su respiración es por la piel, ranas, sapos y salamandras producen sustancias químicas que constantemente la mantienen libre de infecciones. Este hecho ha sido conocido desde hace tiempo, proporcionando venenos para la cacería, sustancias alucinógenas para las ceremonias religiosas y varios remedios medicinales.

La famosa especialidad medicinal china conocida como Ch'an Su que se utiliza para tratar desórdenes del corazón y de la circulación es un extracto de las sustancias de la glándula parotoide de los sapos. Se ha encontrado que estas glándulas contienen adrenalina, la misma sustancia que los humanos producimos cuando nos encontramos en situaciones de peligro y que modifica nuestro ritmo cardíaco y aumenta la presión sanguínea. También contienen bufogenina, la sustancia mencionada anteriormente que afecta al sistema cardiovascular humano.

Aunque varias especies de ranas y sapos producen sustancias tóxicas, quizá las más impresionantes son las producidas por las ranas de la familia Dendrobatidae también conocidas como "ranas de los dardos venenosos." Estas ranas, de brillantes colores, son utilizadas por los indígenas Embera Chocó en el oeste de Colombia en las puntas de los dardos que usan para la cacería. Las ranas utilizadas del género *Phyllobates* producen un alcaloide llamado batracotoxina que causa arritmias, fibrilación y fallas cardíacas. Esta sustancia es mucho más fuerte que otras sustancias venenosas como la estricnina y el curare. Se han identificado más de 200 tipos de alcaloides en la piel de dichas ranas.

Recientemente se encontró que del veneno (Epibatidina) de la rana ecuatoriana (*Epipedobates tricolor*) se puede obtener un analgésico mucho más poderoso que la morfina, alcaloide obtenido del opio. Este nuevo analgésico carece de los efectos secundarios de la morfina de la que dependen varios millones de personas tan sólo en los Estados Unidos.

En algunos lugares de la Península de Yucatán, las secreciones de la piel de varias especies de ranas y sapos se utilizan para curar heridas infectadas. La gente acaba con los gérmenes aplicándose sustancias de las ranas, o bien directamente frotándose la rana sobre la herida.

" Sana sana culito de rana, sí no sana hoy, sanará mañana ".

Dicho popular. Latinoamérica.

Las posibilidades de continuar descubriendo otras sustancias farmacológicas de estas "fábricas químicas" son enormes, pero únicamente si nos preocupamos por el estado de las poblaciones de nuestros vecinos, los sapos, ranas y salamandras. En 1972 y en 1982, se descubrieron en Australia dos pequeñas ranas (*Rheobatrachus silus* y *R. vitellinus*) que se tragaban a sus renacuajos y ¡los criaban en su estómago! Varios investigadores al ver el hecho de que estas ranas pudieran mantener a sus crías en el estómago sin digerirlas, vislumbraron la posibilidad de encontrar curas para los desórdenes gástricos y las úlceras en humanos. Desafortunadamente, ambas especies no se han vuelto a ver desde 1981 y 1985, respectivamente, y se cree que se extinguieron, sin conocerse las causas del fenómeno.

As chemical factories

Amphibians are living chemical factories. Because they breathe through their skin, frogs, toads and salamanders produce chemical substances that constantly keep their skin free of infections. This fact has been known for some time and their secretions have been used as poison for hunting, hallucinogenic substances for religious ceremonies and as medicinal remedies.

The famous Chinese medicine known as Ch'an Su, used to treat heart and circulation problems, is made from an extract of substances of the toad's parotoid glands. Chemical analysis of the glands has found that the toad produces adrenaline, the compound naturally produced by humans when threatened. Adrenaline causes our hearts to race and increases our blood pressure. The glands also contain Bufogenin, as previously mentioned, which affects the human cardiovascular system.

Many species of frogs and toads produce toxic substances, but most impressive are the members of the Dendrobatidae, a family of frogs known as "poison" or "dart arrow frogs." These colorful frogs are used by the Embera Chocó people of western Colombia in their arrow tips for hunting wildlife. Frogs of the genus *Phyllobates* used for this purpose produce batracotoxin, an alkaloid that affects the heartbeat, causing fibrillation and heart attack. This substance is much stronger than toxic substances such as strychnine or curare. More than 200 types of alkaloids have been identified from the skin of these frogs.

Recently, it was discovered that it is possible to obtain a painkiller more powerful than morphine, an alkaloid obtained from opium, from the poison (Epibatidina) produced by the Ecuadorian frog (*Epipedobates tricolor*). This new painkiller lacks the side effects produced by morphine. Several million people are dependent on morphine in the United States alone.

In several places in the Yucatan Peninsula, frog skin secretions are used to cure infected wounds. People kill the "germs" by applying the frog's secretions or directly rubbing the wound with the frog.

"Heal, heal, frog's little rump, If not today, it will heal tomorrow."

Popular saying, Latin America.

The possibility that we will continue to find other pharmacological substances from these "living chemical factories" is enormous, but only if we should also care about the fate of our neighbors, the toads, frogs and salamanders. In 1972 and 1982, two small frogs (*Rheobatrachus silus* and *R. vitellinus*) were discovered in Australia. Both species swallow their offspring and raise them in their stomach! The fact that they could maintain the tadpoles in their stomachs indicated the possibility of finding treatments for gastric disorders and ulcers in humans. Unfortunately, neither species has been seen since 1981 and 1985, respectively. It is believed they became extinct without explanation.

Ranas eléctricas

Desde épocas remotas, los anfibios han sido muy utilizados en una gran variedad de investigaciones. El físico italiano Luigi Galvani (1737-1798) demostró las bases eléctricas de los impulsos nerviosos haciendo funcionar los músculos de las piernas de una rana muerta, dando el nombre de "Galvanismo" a la supuesta "electricidad animal". Más tarde otro italiano, Alexandro Volta (1745-1827), siguiendo los experimentos de Galvani con ranas inventó la primer pila eléctrica. Hasta la fecha, las ranas continúan siendo diariamente utilizadas por las escuelas en sus laboratorios de biología, para diversos tipos de prácticas, incluyendo la de los impulsos nerviosos.

Ojos salvavidas

La gran capacidad que tienen los ojos de las ranas para detectar el movimiento y capturar insectos ha sido estudiada a profundidad por especialistas en ingeniería biónica para diseñar instrumentos con funciones semejantes a mayor distancia. Estos instrumentos podrían utilizarse, por ejemplo, para localizar botes perdidos o náufragos en amplias zonas del mar.

"Yo siempre había tenido fastidio a los sapos.
Pero este era distinto.
Sus formas las encontré graciosas,
y su mirada, de una forma extraña,
me hizo recordar los ojos de la Dolores,
que también desprendían chorros de vivacidad".

"El sapo burlón", Gustavo Paez Escobar, Colombia

Ranas indiscretas

Por algún tiempo las ranas africanas (*Xenopus laevis*) fueron utilizadas para detectar el embarazo en mujeres. Estas ranas ponen huevos cuando la orina de una mujer embarazada les es inyectada. Debido a esta característica y a los costos de importación, el precio de dichas ranas aumentó descabelladamente. Sin embargo, no pasó mucho tiempo antes de que se descubriera que muchos otros anfibios eran igualemente indiscretos, lo que disminuyó el costo.

Fotocopiando

Recientemente, se han conocido y ampliamente discutido los resultados de investigaciones que hasta hace pocos años parecían extraídas de la ciencia-ficción: la clonación. La clonación es la producción de individuos genéticamente idénticos a partir de células de un individuo donante. En los últimos dos años se han producido borregos, y vacas por medio de esta técnica y se discute la replicación de seres humanos. Sin embargo, los experimentos sobre clonación, en realidad se iniciaron con objetivos muy diferentes. Los científicos querían contestar la siguiente pregunta: ya que todas las células del cuerpo

Electrical frogs

Since long ago, amphibians have been the subjects of an incredible diversity of research. The Italian physicist Luigi Galvani (1737-1798) demonstrated the electrical basis of nerve impulses producing movement in the legs of a dead frog. This alleged "animal electricity" became known as "Galvanism." Years later another Italian, Alexandro Volta (1745-1827), following from Galvani's frog experiments, invented the electrical battery. Today frogs are used daily in the biology lab of most schools for many different experiments, including some on nervous impulses.

Lifesaver eyes

The amazing capacity of frogs' eyes to detect movement and capture insects has been intensively studied by bionic engineers working to design long-distance scanners. These scanners could be used to find lost boats or castaways, for example, in vast areas of the sea.

> "I was always bothered by toads,
> but this one was different.
> It had a curious shape
> and his look, in a strange way,
> reminded me of Dolores' eyes,
> which also yielded vivacious spurts."
>
> "The Mocking Toad," Gustavo Paez Escobar, Colombia

Gossiping frogs

For some time African clawed frogs (*Xenopus laevis*) were used to detect pregnancy in women. When the urine of a pregnant woman was injected into the frogs, the frogs would lay eggs. Because of this characteristic and the cost of importing them from Africa, these frogs became extremely expensive. Pretty soon, however, it was discovered that many other amphibians were also into gossip, making the cost go down.

Photocopying frogs

Within the highly controversial field of cloning, science fiction is recently becoming a reality. Cloning is the production of genetically identical individuals derived from the cells of a donor individual. During the last two years, this controversial technique has produced lambs and cows. Today the controversy is about the replication of human beings. The first cloning experiments in the 1960's, however, had a very different purpose. They attempted to answer the following questions: since all the cells of the body (somatic) originate from two reproductive cells (gametic), what happens to the information?

(somáticas) se originan de dos células reprodutivas (gaméticas), ¿Qué pasa con la información? ¿Se encuentra toda la información de un organismo en una célula intestinal? Para contestar la pregunta, los investigadores extrajeron el núcleo de una célula intestinal de una rana y la inyectaron en el huevo de otra rana. La respuesta fue afirmativa: se desarrolló un individuo completamente idéntico (un clón).

Continentes a la deriva

La distribución de especies emparentadas entre sí en Australia y Sudamérica fue parte de la evidencia que nos ha hecho entender que estos continentes se encontraban originalmente unidos en un supercontinente llamado Pangea, hace unos 225 millones de años. Uno de estos ejemplos lo constituyen las siete especies de cecilias y tres especies de ranas de la familia Sooglossidae, restringidas a las islas Seychelles en el Océano Índio. Estas islas eran parte de Gondwana, una de las primeras fracciones de la Pangea.

Tripulantes siderales

Antes que los humanos viajaran en naves espaciales, los huevos de ranas fueron de los primeros pasajeros en las misiones del espacio. El hecho de que una sóla rana pone miles de huevos, ha permitido experimentos sobre el efecto de los viajes espaciales en la división celular. La mitad de los huevos se queda en tierra como control y la otra mitad se manda como tripulación.

"El sapito Manuel astronauta
la luna en enero quiso visitar
en un cohete de caña y papel de cometa
que pronto empezó a fabricar".

"El Sapito Astronauta", Anónimo, Ecuador

Después de que el hombre pisó la luna, los renacuajos también se unieron a la tripulación. Los renacuajos han permitido conocer algunos aspectos sobre la construcción de estaciones espaciales. Son un medio excelente para estudiar la división celular, por la rapidez con que ésta se efectúa en el momento de la metamorfosis. Ya que la gravedad domina el crecimiento, uno de los objetivos de la investigación es entender el efecto de la falta de gravedad en la división celular, la reparación de tejidos dañados y el reemplazo de células. Las ranas adultas también han participado en viajes espaciales dentro de programas experimentales para conocer los efectos de la gravedad sobre el equilibrio. Las ranas regresaron un poco mareadeas pero sin una explicación convincente.

Refacciones

Las salamandras se encuentran entre los animales más increíbles en cuanto a su capacidad de adquirir refacciones. Su capacidad para regenerar extremidades y aun los ojos, ha atraído la imaginación de naturalistas y científicos por muchos años. Mientras que la

Does the cell of an intestine still contain all the other information of a whole organism? To answer the question researchers extracted the nucleus of a frog intestine cell and injected it into a frog's egg. The result was affirmative: an identical individual (clone) developed.

Drifting Continents

The distribution of closely related species in Australia and South America was part of the evidence brought together to demonstrate that these continents were originally joined as one supercontinent, Pangaea, some 225 million years ago. One of these examples is the seven species of caecilians and three frog species of the Sooglossidae family, restricted to the Seychelle Islands in the Indian Ocean. These islands were part of Gondwanaland, one of the first landmasses to separate from Pangaea.

Star Trek

Before humans traveled in spacecraft, frog eggs were some of the first passengers aboard space flights. A frog's ability to lay thousands of eggs makes it an excellent subject for experiments on the effects of space travel on cell division. Half of the eggs become the space travelers and the other half stay behind on Earth as a control.

"Manuel the little astronaut toad
wished to visit the moon in January,
in a spaceship made of sugar cane and kite paper
that he soon began to make."

"The Little Astronaut Toad," Anonymous, Ecuador

Once humans landed on the moon, tadpoles joined the crew. They have been used to examine aspects of space station construction. Tadpoles are also excellent subjects for studying cellular change, since they undergo rapid cell division during metamorphosis. Because gravity influences growth, one of the main activities of this research in space has been to understand the effect of a lack of gravity on cell division. Adult frogs have also participated in experimental programs in space travel in order to understand the effects of gravity on balance. The frogs returned a bit dizzy, but without a convincing explanation.

Spare parts

Salamanders are one of the most striking animals when it comes to replacing parts. Their capacity to regenerate lost limbs, and even eyes, has captured the imagination of naturalists and researchers for a long time. While most animals and plants have the capacity to regenerate cells, tissues and sometimes organs, a salamander may re-grow complete arms,

mayoría de las plantas y animales pueden regenerar células, tejidos y algunas veces hasta órganos, las salamandras pueden reproducir brazos, piernas y colas completamente. El entendimiento de este fenómeno biológico promete interesantes perspectivas al futuro.

Termómetros ambientales

Debido a que los anfibios viven tanto en el agua como en la tierra son extremadamente sensitivos a los cambios ambientales. Además, su respiración a través de la piel, expone una gran superficie de su cuerpo a los contaminantes. Investigaciones ecológicas recientes los han considerado como indicadores confiables de los impactos ambientales.

En la escuela

En el salón de clase las ranas han sido utilizadas como animales modelos para enseñar anatomía interna, externa y fisiología. Miles de ranas son sacrificadas cada año para que los estudiantes puedan experimentar y aprender diversos aspectos de la anatomía y fisiología. Afortunadamente (para las ranas), se han elaborando sofisticados programas en computadora para llevar a cabo disecciones virtuales sin necesidad de sacrificar a las ranas.

"Cuando estaba en la escuela me tocó,
como a tantas desafortunadas niñas,
descuartizar ranas en la clase de ciencias
para comprobar no sé cuál teoría sobre las ciencias eléctricas.
Parece que después de muerto, el bicho seguía saltando,
pero no pudimos verificarlo.
Pasé la noche sentada en mi cama
mirando la oscuridad y pensando en la horrible
experiencia que me aguardaba al día siguiente.
Llegué temprano a la escuela, entré sigilosamente
al laboratorio, me robé las ranas y las solté en el jardín".

Afrodita cuentos, recetas y otros afrodisíacos, Isabel Allende, Chile

legs or tails after their loss. The future understanding of this biological phenomenon promises very interesting possibilities.

Environmental thermometers

Amphibians are sensitive to environmental changes because their life history exposes them to changes both in water and on land. They breathe through their skin and have a very large surface exposed to contaminants. Recent ecological research has found them to be strong indicators of environmental stress.

In school

Thousands of frogs are used every year as model animals in the classroom to teach external and internal anatomy and physiology. Fortunately (for the frogs) new, sophisticated computer programs have been developed to accomplish virtual dissections, reducing the number of unlucky frogs used.

> "When I went to school, I had,
> as many other unfortunate girls,
> to dismember frogs in science class
> to test some theory about electrical science.
> It seems that the beast continued jumping after death,
> but we could not confirm it.
> I spent the whole night sitting in my bed
> staring in the dark and thinking about the horrible
> experience awaiting me the next day. I arrived very early
> to school, went carefully into the lab, stole the frogs
> and released them in the garden."

Aphrodite Stories, Recipes and Other Aphrodisiacs, Isabel Allende, Chile

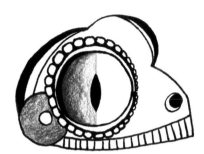

¿Están desapareciendo?

En 1989 durante el Primer Congreso de Herpetología (ciencia que estudia a los anfibios y reptiles) en Canterbury, Inglaterra, los científicos, al intercambiar notas, se dieron cuenta que muchas poblaciones de ranas y sapos estaban disminuyendo en lugares tan diversos como Estados Unidos, Ecuador, Costa Rica, Brazil, Venezuela y Australia.

Esta observación no es tan sorprendente dado que muchas especies de plantas y animales están disminuyendo debido a las acciones del hombre. Los anfibios son especialmente susceptibles a las perturbaciones, ya que viven tanto en el medio acuático como en el terrestre y su respiración a través de la piel los hace extremadamente sensitivos.

" . . . y todas las ranas salieron de las casas, de las granjas y de los campos, y murieron. Las juntaron en inmensos montones, quedando el país apestado de mal olor".

"Exodo VIII", Antiguo Testamento

Sin embargo, lo sorprendente de la observación es que algunas especies, como el sapo dorado (*Bufo periglenes*) registrado en el Parque Nacional de Monteverde en Costa Rica hasta 1990, ha desaparecido sin la intervención directa del hombre. Existen varias explicaciones sobre la disminución de los anfibios que van desde el tráfico ilegal hasta los cambios en la composición atmosférica.

CHAPTER 10

Vanishing act?

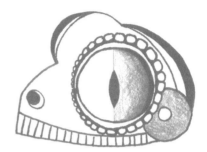

During the First Herpetological (herpetology = science devoted to the study of amphibians and reptiles) Congress in Canterbury, England, in 1989, several scientists noted that many populations of amphibians (especially frogs and toads) were decreasing in places as diverse as the United States, Ecuador, Costa Rica, Brazil, Venezuela and Australia.

The observation per se was not surprising. Populations of many species of plants and animals are decreasing as a result of human impacts, and amphibians seem particularly susceptible to disturbance because they live in both aquatic and terrestrial environments. Their skin-breathing further renders them extremely sensitive to water quality.

> " . . . and the frogs died out of the houses, out of the villages, and out of the fields. And they gathered them together upon heaps: and the land stank."
>
> "Exodus VIII," Old Testament

What was surprising was that several species, like the golden toad (*Bufo periglenes*) recorded in Costa Rica's Monteverde National Park as late as 1990, have disappeared without direct human intervention. Numerous explanations, from global climate change to over-collecting for illegal trade, have been invoked to explain the phenomenon.

A partir de esta observación se organizó la Fuerza de Trabajo sobre la Disminución de Poblaciones de Anfibios (DAPTF) de la Unión Internacional para la Conservación de la Naturaleza (UICN). Su boletín llamado "FROGLOG" se puede conseguir escribiendo al Departamento de Biología de The Open University, Walton Hall, Milton Keynes, MK7 GAA, United Kingdom, www.open.ac.uk/daptf/.

¡Se deteriora la vecindad!

Una gran variedad de acciones humanas pueden tener consecuencias negativas sobre las poblaciones de anfibios. Entre estas podemos enumerar 1) la transformación de hábitat por el desarrollo de la agricultura, pastoreo, silvicultura, rellenos sanitarios, desarrollo urbano, comercial y recreativo; 2) la fragmentación causada por la construcción de carreteras, deforestación, pérdida de hábitat; 3) la desecación de humedales, cambios en el flujo de agua de ríos, contaminación de agua; 4) el uso de biocidas o pesticidas (insecticidas, herbicidas, fungicidas), la contaminación por metales pesados (mercurio, cadmio, plomo); 5) la introducción de depredadores y competidores, particularmente peces; y 6) la colecta para comercialización como mascotas, sujetos experimentales, propiedades curativas, etc.

" Sapito y Sapón,
con cuatro maracas
y un solo bongó,
van desde Quimbumbia
hasta Quimbombó.

"En un avioncito
de medio motor.
Altura: dos metros.
El clima: calor.
Pilotos: Sapito y Sapón".

"Viaje de Sapito y Sapón", *Obras completas*, Nicolás Guillén, Cuba

¡Se deteriora el planeta!

Los cambios atmosféricos producidos por la contaminación también han sido invocados como responsables de la disminución de los anfibios. El adelgazamiento de la capa de ozono, debido a la contaminación por compuestos clorofluorocarbonados, permite la penetración de mayor cantidad de rayos ultravioleta. Estos rayos afectan el funcionamiento de enzimas importantes en el desarrollo de los huevos de sapos y ranas.

As a result of these concerns, the Declining Amphibian Population Task Force (DAPTF) of the International Union for the Conservation of Nature (IUCN) was organized. You can receive their newsletter "FROGLOG" by writing to Department of Biology, The Open University, Walton Hall, Milton Keynes, MK7 GAA, United Kingdom, online at www.open.ac.uk/daptf/.

There goes the neighborhood!

Many human activities can negatively impact amphibian populations. These include: 1) habitat transformation by agriculture, grazing, forestry, landfills, urban, recreational and commercial development; 2) fragmentation caused by highway construction, deforestation and habitat loss; 3) wetland modification, changes in water flow of rivers and water pollution; 4) the use of biocides (insecticides, herbicides, fungicides) and heavy metal pollution (mercury, cadmium, lead); 5) competitor and predator introductions, particularly fishes; and 6) collecting for commercialization as pets, research subjects and/ or food and medical use.

"Little Toad and Big Toad,
with four maracas
and only one bongo,
are going from Quimbumbia
to Quimbombó.

"In a little plane with
half a motor.
Altitude: two meters.
Weather: hot.
Pilots: Little Toad and Big Toad."

"Trip of Little Toad and Big Toad," *Complete Works*, Nicolás Guillén, Cuba

There goes the planet!

Atmospheric and climatic changes produced by pollution have also been considered to play a part in amphibian declines. The thinning of the ozone layer due to pollution by chlorofluorocarbon compounds enables higher ultraviolet radiation levels to reach the Earth's surface. Ultraviolet radiation influences the function of enzymes that are needed for amphibian embryo and cellular development.

¿Cuál es su situación actual en la península?

La vegetación natural de la península ha cambiado dramáticamente varias veces. Además de los cambios naturales de clima que modificaron la vegetación, la expansión de la cultura Maya, transformó las selvas en vastas zonas agrícolas para poder alimentar a su población. Dichos cambios deben haber afectado sustancialmente a los anfibios. Después de la disminución de la población Maya alrededor de 900 años d.c., la selva volvió a cubrir las extensiones agrícolas. Sin embargo, esta reforestación natural no fue permanente, ya que a finales del siglo pasado se inició de nuevo la transformación de las selvas, primero mediante la extracción de caoba y cedro y más recientemente, mediante su transformación en campos henequeneros y la colonización de áreas anteriormente remotas.

La transformación del paisaje de las selvas originales a campos de cultivo debe tener un fuerte impacto sobre los anfibios que dependen de la cubierta forestal como son las ranas arbóreas y las especies excavadoras como el sapo borracho y el sapito elegante. Además los fertilizantes agregados a los campos de cultivo escurren hacia arroyos temporales y aguadas de los que dependen la mayoría de los anfibios.

Protegidos por la ley: la Norma 059

La más reciente revisión de la lista de especies que requieren de protección legal debido al estado de vulnerabilidad de sus poblaciones conocida como Norma 059 (NOM-059-ECOL-1994, 2002) de la Secretaría del Medio Ambiente y Recursos Naturales (SEMARNAT), contiene a siete especies de anfibios de la península (ver Cuadro 7, pág. 125). Todas las especies están en la categoría de Sujetas a Protección Especial que incluye a aquellas especies que podrían estar amenazadas y que requieren de acciones de conservación o recuperación. Dos de las especies en la lista son endémicas de la península: la rana de Yucatán y la salamandra de Yucatán.

> " 'Ahí está un buen espécimen de sapo,' dijo el naturalista.
> 'Debo ponerlo en una botella con alcohol.'
> 'Ya tienes dos de esos,' replicó el poeta.
> 'Dejalo ahí y que disfrute su vida.'
> 'Pero es maravillosamente feo,' persistió el primero".

El Sapo, Hans Christian Andersen, Dinamarca

Las especies incluidas en la norma oficial mexicana no pueden ser comercializadas y requieren de un permiso especial para la posesión, uso y aprovechamiento de individuos, partes, productos, y subproductos, ya sea con fines domésticos, comerciales o científicos. Además, el hábitat en donde ocurren estas especies no debe ser transformado.

What is happening to the peninsula amphibians?

The natural vegetation of the peninsula has dramatically changed several times. Besides the natural climatic changes that transform vegetation, the Mayan transformed forests into vast agricultural areas to feed their population as they expanded their civilization. These changes must have substantially affected amphibian distribution and abundance. After the decline of the Maya around 900 AD, tropical forests reclaimed the abandoned agricultural areas. These forests, however, were short-lived. With recolonization of previously remote areas at the end of the last century, a new wave of transformation began due to mahogany and cedar logging and, more recently, the widespread *henequen* (a century plant used to produce textiles) crops and the colonization of the last frontier areas.

The transformation from a primarily forested to a mostly agricultural landscape must have resulted in many changes for those amphibians that are highly dependent on forest cover (e.g., tree frogs). Now, creeks and ponds, critical to many amphibians' reproduction, receive the runoff of fertilizers added to agricultural crops.

Protected by the law: Norm 059

The most recent revision of the list of species requiring legal protection due to their vulnerability status is known as Norm 059 (NOM-059-ECOL-1994, 2002). Published by Mexico's Secretary for the Environment and Natural Resources, it contains seven species of peninsula amphibians (see Table 7, page 125). All the species are in the category "under special protection" that includes those species that may be threatened and require conservation or restoration actions. Two of the listed species are peninsula endemics: the Yucatan frog and the Yucatan salamander.

> " 'There sits a good specimen of a toad,' said the naturalist.
> 'I must have that fellow in a bottle of spirits.'
> 'You have two of them already,' replied the poet.
> 'Let the thing sit there and enjoy its life.'
> 'But it's so wonderfully ugly,' persisted the first."
>
> *The Toad*, Hans Christian Andersen, Denmark

Those species included in the Mexican Official Norm cannot be commercialized. A special permit is required to possess or use individuals, parts, products and subproducts with domestic, commercial or scientific ends. In turn, the habitat where these species live should not be modified.

It is difficult to provide a diagnosis of the present situation for the peninsula amphibians. We lack knowledge of many aspects of their ecology. We do not know, for example, if their populations are stable or if they have increased and decreased dramatically over the years. To find out more about the behavior of their populations, periodical assessments are needed.

Sin embargo, es difícil hacer un diagnóstico de la situación actual de los anfibios de la península, ya que ignoramos muchos aspectos de su ecología. Por ejemplo, desconocemos si sus poblaciones son estables o si aumentan y disminuyen dramáticamente en forma natural a través de los años. Es necesario llevar a cabo estudios periódicos para evaluar la estabilidad de las poblaciones.

El desastre del conquistador

A diferencia de muchas poblaciones de ranas y sapos que parecen estar disminuyendo, el sapo gigante ha tenido mejor suerte. Esta especie ha sido introducida en más de 15 países. Desde mediados del siglo XIX los sapos empezaron a ser introducidos en algunas islas caribeñas. Las introducciones serias se iniciaron en los años 20 y 30 en Puerto Rico para controlar a las plagas de insectos del plátano, el coco y la caña de azúcar. De hecho su nombre en inglés significa "sapo de la caña". El éxito obtenido por los sapos en el control de insectos en la isla caribeña se difundió rápidamente y de Puerto Rico, los sapos fueron exportados a Hawai, Filipinas, Fiji, Nueva Guinea, Australia y puntos intermedios. En Australia la dispersión del sapo gigante a sido calculada en 40 kilómetros por año.

Aunque al principio la exitosa introducción y colonización del sapo gigante fue festejada en los círculos de agrónomos, la buena noticia no duró demasiado. El sapo gigante, como otras especies introducidas a lugares en donde no habitaban, se convirtió en un desastre.

" Dulces son los usos de la adversidad que, como el sapo, feo y venenoso, sin embargo lleva una preciosa joya en su cabeza ".

Como les guste, William Shapespeare, Inglaterra

¿Cuál es el secreto del éxito de colonización del sapo gigante? Hay varias características que han contribuido a ello. En primer lugar, la distribución original de este sapo incluye una gran variedad de hábitats, lo que indica que es una especie con una amplia tolerancia a diversos ambientes. A la vez, su dieta es extremadamente amplia. Los sapos no se limitaron a alimentarse de las especies nocivas de insectos para las que fueron contratados. En su alimentación se han documentado una gran variedad de insectos, incluyendo abejas, avispas, mariposas, moscas, escarabajos, grillos, cucarachas, así como arañas, alacranes, gusanos, algunos vertebrados como lagartijas pequeños mamíferos, aves y aún comida de perro.

A diferencia de otros anfibios, los sapos gigantes no necesitan el movimiento de sus presas para disparar su lengua sino que su sentido del olfato les permite comer toda clase de cosas. Uno de los hábitos más asombrosos de estos sapos es su gusto por abejas y avispas. A menudo los sapos se acercan a las colmenas de abejas para satisfacer su hambre.

Además, el veneno de sus glándulas parotoides, los protege de muchos depredadores que pueden hasta morir al intentar comerse a los sapos. Cuando son molestados, los sapos pueden rociar su veneno de las glándulas parótidas hasta 1 m de distancia.

Cuadro 7. Especies de anfibios de la península consideradas vulnerables (incluidas en la Norma 059).

Table 7. Peninsula amphibians considered vulnerable (included in the Norm 059).

Categoría Category	Nombre común Common name	Nombre científico Scientific name
Protección especial Special protection	**Salamandra** Salamander	*Bolitoglossa mexicana*
	Salamandra de Yucatán Yucatan salamander	*Bolitoglossa yucatana*
	Sapo borracho Mexican burrowing toad	*Rhinophrynus dorsalis*
	Rana de Yucatán Yucatan rain frog	*Eleutherodactylus yucatanensis*
	Ranita Yucateca de casco Yucatan casque-headed tree frog	*Triprion petasatus*
	Sapito o rana elegante Elegant narrow-mouthed toad	*Gastrophryne elegans*
	Rana leopardo Leopard frog	*Rana berlandieri*

The disaster of the "conquistador"

Unlike many populations of amphibians that seem to be decreasing, the cane toad has fared much better. This species has been introduced in more than fifteen countries. Cane toads were introduced in the mid-nineteenth century to some Caribbean islands, and in the 1920's and 30's were introduced to Puerto Rico to control insect pests in banana, coconut and sugar cane plantations. They took their name from their trade. Their success in controlling insects in Puerto Rico led to their introduction in Hawaii, the Philippines, Fiji, New Guinea, Australia and other places. In Australia, the population range has expanded at a hopping speed of 40 km per year!

> "Sweet are the uses of adversity that, like the toad, ugly and venomous, wears yet a precious jewel in his head."
>
> *As You Like It*, William Shapespeare, England

At the beginning, the successful introduction of the cane toad was celebrated among agronomists of the world. The good news, however, did not last long. The cane toad, like other introduced species, has become a disaster. Why was the cane toad so successful at conquering the world? Several characteristics contributed to its success. First, the cane toad is a habitat generalist in its original range and therefore very tolerant to a variety of environments. It has, moreover, a very catholic diet. The toads did not limit themselves to eating the insect pests they were hired for, but included a whole variety of species in their diet. Food items documented as part of their diet include: bees, wasps, butterflies, flies, beetles, crickets, cockroaches, spiders, scorpions, worms, lizards, small mammals and birds. They will even eat dog food.

El veneno es altamente irritante a los ojos y causa arritmia cardiaca, hipertensión, convulsiones y la muerte. Entre los animales que han muerto por morder o comer sapos se encuentran serpientes, lagartijas, aves y mamíferos. Se calcula que en Hawai, cada año mueren alrededor de 50 perros que han mordido a los sapos. Además de proteger a los sapos de los depredadores, el veneno los mantiene libres de microbios de la piel.

> "El río pululará de ranas que subirán y penetrarán en tu casa, en tu dormitorio, en tu cama, en la casa de tus servidores y de tu pueblo, en tus hornos y en tus provisiones".
>
> "Exodo VIII," Antiguo Testamento

La introducción y liberación de especies ajenas a una región a menudo causa estragos y es una de las principales causas de la extinción de especies locales.

Víctimas de nuestra ignorancia

De igual manera que con otros animales, siempre hay creencias equivocadas que son difíciles de desarraigar y que perjudican a los animales. Debido a su aspecto, y en algunos casos quizá a las propiedades de sus glándulas tóxicas, los sapos han estado asociados a la magia y a la hechicería en diversas culturas.

> "Escoged un sapo de los mayores, que sea macho, si el hechizo es para hombre . . .
> Después se coge una aguja de las más finas y se enhebra un hilo de seda verde, cosiendo con él los párpados del sapo, teniendo mucho cuidado de no herirle en los ojos, pues de lo contrario la persona a quien deseáis hechizar quedará ciega . . .".
>
> Receta anónima

En la península no existen especies que tengan toxinas poderosas como en otras regiones, o si las tienen, solo producen efecto cuando son consumidas o cuando tienen contacto con membranas húmedas (ojos, nariz, boca).

¿Verdadero o Falso?

"Si una rana o un sapo te orina, te salen mezquinos": Falso
"Si matas a un sapo, por la noche te ahogará": Falso

Unlike other amphibians, cane toads do not rely on their prey's movement to shoot their tongue out and catch it. Their sense of smell allows them to identify potential food items, and they are voracious eaters. An astonishing characteristic of the cane toads is their taste for bees and wasps. They have been known to sit outside beehives, filling their bellies.

Potentially deadly poison glands protect cane toads from many predators. When molested, cane toads can shoot poison from their glands up to one meter away. The poison irritates the eyes and causes cardiac arrest, hypertension, convulsions and even death. Snakes, lizards, birds and mammals have died from biting or eating a cane toad. In Hawaii, more than fifty dogs die every year from biting these toads. The poison also protects the toads from microbial skin infection.

> "And the river shall bring forth frogs abundantly,
> which shall go up and come into thine house,
> and into thy bedchamber, and upon thy bed,
> and into the house of thy servants, and upon thy people,
> and into thine ovens, and into thy kneading troughs."
>
> "Exodus VIII," Old Testament

The introduction and liberation of foreign species often causes disaster and is one of the main causes of species' extinctions worldwide.

Victims of our ignorance

People often have mistaken beliefs about animals. Amphibians are no exception. These beliefs are difficult to change and have negative consequences for the animals. Because of their appearance and possibly due to the toxins some produce, toads have been associated with witchcraft in several cultures.

> "Choose a large toad that is male,
> if the spell is for a man . . .
> Then take a very fine needle
> and with a green silk thread,
> carefully sew the toad's eyelids.
> being careful not to wound the eyes,
> otherwise the person to which the
> spell is directed will be blinded . . . ."
>
> Anonymous recipe

Most peninsula amphibians, however, do not have very powerful toxins unless they are eaten or their substances come in contact with your mouth, nose or eyes.

"Los sapos tienen piedras preciosas en los ojos": Falso
"Hay sapos tan grandes que pueden llegar a atacar a los terneros": Falso
"La "leche" que le sale a los sapos cuando se les ataca es mortal si te toca": Falso
"Si un perro se come un sapo, el perro muere": Posible
"Si besas a un sapo, se convertirá en príncipe": Desafortunadamente falso

¿Cómo puedes ayudarlos?

El primer paso para ayudar a los anfibios es obteniendo información acerca de ellos. Cuando empezamos a conocer y a darnos cuenta de lo maravillosos que son estos animales y de sus increíbles relaciones ecológicas, creamos en nosotros una conciencia ética y ecológica y los apreciamos mucho más. Una vez que hayas adquirido un poco de conocimiento, platica con familiares y amigos sobre los aspectos que te llaman atención y verás como ellos también se interesan en protegerlos.

"Ya se disponía a atravesar el río sin temor al fondo,
cuando a la vuelta de un recodo, rielando a la luz de la luna,
vio una linda ranita posada sobre una hoja de plátano.
Verla y revolvérsele toda la infancia que llevaba
consigo fue el mismo acto.

'In Bronco' agarró una piedra y . . . ¡plas!
la aventó contra el animalito.
La piedra pasó rozando las ancas y
fue a caer a un metro de distancia.
Entonces, oh prodigio, la ranita, que estaba
de espaldas, dio media vuelta y dijo:
'Hermano ¿qué te he hecho para que así me castigues'"?

La Ranita y otros cuentos de Juchitán, Alfredo Cardona Peña, México

Respeta la vida de estos animales y no permitas que otras personas abusen de ellos. Familiarízate con las especies que viven cerca de tus alrededores y con cuáles son sus necesidades. Preocúpate de mantener el hábitat que los anfibios necesitan para vivir. En ocasiones podrás restaurar hábitats que se estén deteriorando, limpiando la basura de los estanques y arroyos. Ten cuidado que aceites, detergentes, insecticidas y herbicidas no lleguen a los sitios de cría de ranas y salamandras, en estanques, aguadas y arroyos.

True or false?

"When a frog or a toad urinates on you, you will get warts": False
"If you kill a toad, it will drown you at night": False
"Toads have gemstones in their eyes": False
"There are huge toads that attack calves": False
"You may die if you touch the 'milk' produced by toads": False
"If a dog eats a toad, it will die": Possible
"If you kiss a frog, it will turn into a prince": Unfortunately, false

How can you help them?

The first step to help amphibians is to expand your knowledge about them, which you are already doing. Once you begin to know and to realize how marvelous these animals and their ecological relations are, your appreciation will increase, as will your desire to protect them. Share your knowledge and enthusiasm with friends and relatives. They will also become interested in conserving amphibians.

"He was about to cross the river without fearing its depth,
when around a corner, under the moonlight,
he saw a small frog resting on a banana leaf.
To see it and to revive the infancy inside
him were one and the same act.

"'In Bronco' grabbed a stone and . . . plas!
threw it towards the little animal.
The stone passed by close to the frog's legs
and ended up half a meter away.
Then, oh prodigy, the small frog, which
was turning its back, turned around and said:
'Brother, what have I done to be punished by you in that way?'"

The Small Frog and Other Stories from Juchitán, Alfredo Cardona Peña, Mexico

Respect these animals and prevent other people from abusing them. Become familiar with the natural history and requirements of species that live near you. Actively protect their habitat. Sometimes you can restore deteriorating habitats by removing garbage from ponds and creeks. Ensure that wetlands (ponds, creeks, etc.) are free of oil, detergent, insecticide and herbicides.

No compres sapos y ranas disecados en las tiendas de "souvenirs". Tampoco los compres como mascotas. Al comprarlos, estás contribuyendo a que se sigan extrayendo ilegalmente de su hábitat natural. Reporta a los vendedrores con las autoridades locales.

"Trozos de barro,
por la senda en penumbra
saltan los sapos".

"Los Sapos", José Juan Tablada, México

Infórmate sobre qué grupos locales, asociaciones, universidades u oficinas gubernamentales están preocupadas por los anfibios en la península. Participa en sus programas como voluntario. Recomienda este libro a profesores, escuelas, y a tus amigos y familiares.

La pérdida de una especie es irremplazable. Podemos volver a construir los templos Mayas de Chichen Itzá, las iglesias coloniales de Mérida y los centros turísticos como Cancún, pero no podemos recrear a ninguno de nuestros anfibios. Es responsabilidad de todos y de cada uno de nosotros cuidarlos y protegerlos.

"Puede ser un perico,
o puede ser un canario, puede ser,
pero no es —es tan sólo una rana".

La Celebrada Rana Saltadora del condado de Calaveras,
Mark Twain, Estados Unidos

Do not buy dead frogs and toads as souvenirs. Do not buy them as pets either. When you buy them, you contribute to the perpetuation of their illegal extraction from their neatural habitat. Report vendors to local authorities.

Contact conservation organizations, universities, associations, and government offices concerned with amphibians. Become involved as a volunteer in their programs. Recommend this book to teachers, schools, and your friends and relatives.

"Chunks of mud,
through the dark pathways
the toads jump."

"The Toads," José Juan Tablada, Mexico

Extinction is forever; species are not replaceable. While we can reconstruct the Mayan temples of Chichen Itza, colonial churches of Merida and tourist resorts like Cancun, we cannot recreate any living creature once it is gone. It is the responsibility of each and every one of us to care for and protect amphibians.

"It might be a parrot,
or it might be a canary, may be,
but it ain't—it's only just a frog."

The Celebrated Jumping Frog of Calaveras County,
Mark Twain, United States

Lecturas recomendadas - Recommended readings

Campbell, J. A. *Amphibians and Reptiles of Northern Guatemala, the Yucatan and Belize*. Norman, OK: University of Oklahoma Press, 1998.

Conant, R., and J. T. Collins. *A Field Guide to Reptiles and Amphibians. Eastern and Central North America*. Peterson Field Guide Series. New York: Houghton Mifflin Company, 1991.

Duellman, W. E., and L. Trueb. *Biology of Amphibians*. New York: McGraw Hill Company, 1986.

Flores-Villela, O. *Herpetofauna Mexicana*. Special Publication No. 17. Pittsburg: Carnegie Museum of Natural History, 1993.

García, A., and G. Ceballos. *Guía de campo de los reptiles y anfibios de la costa de Jalisco, México*. Mexico City: Fundación Ecológica de Cuixmala, A.C., Instituto de Biología, UNAM, 1994.

Lee, J. L. *The Amphibians and Reptiles of the Yucatan Peninsula*. Ithaca and London: Comstock Publishing Associates, 1996.

_____. *A Field Guide to the Amphibians and Reptiles of the Maya World: The Lowlands of Mexico, Northern Guatemala, and Belize*. Ithaca, NY: Cornell University Press, 2000.

Liner, E. A. *Scientific and Common Names for the Amphibians and Reptiles of Mexico in English and Spanish*. Herpetological Circular N. 23. Kansas: Society for the Study of Amphibians and Reptiles, 1994.

Meyer, J. R. and C. Farneti F. *A Guide to the Frogs and Toads of Belize*. Malabar, FL: Krieger Publishing Company, 1996.

Reaser, J. K. "The Elucidation of Amphibian Declines," *Amphibian and Reptile Conservation,* 1996, 1: 4-9

Rivero, J. A. *Los anfibios y reptiles de Puerto Rico*. Barcelona: Universidad de Puerto Rico, Ed. Universitaria, 1975.

Ryan, M. J. *The Túngara Frog, A Study in Sexual Selection and Communication*. Chicago and London: The University of Chicago Press, 1985.

Stebbins, R. C. and N. W. Cohen. *A Natural History of Amphibians*. Princeton: Princeton University Press, 1995.

Schlesinger, V. *Animals and Plants of the Ancient Maya, A Guide*. Austin, TX: University of Texas, 2002.

Villa, J. *Anfibios de Nicaragua*. Managua, Nicaragua: Instituto Geográfico Nacional y Banco Central de Nicaragua, 1972.

Anfibios en ciberespacio

www.frogs.org/ Sitio de la Alianza para la Conservacón de Anfibios, una asociación entre científicos y expertos en política. Su misión es proteger a las ranas y a otros anfibios en el mundo promoviendo avances críticos en ciencia, educación y política pública.

www.frogweb.gov/ Disminuciones y deformidades de anfibios. Infraestructura para la Información Biológica Nacional, United States Geological Survey.

www.open.ac.uk/daptf/ La misión del DAPTF es determinar la naturaleza, grado y causas de las disminuciones de anfibios en el mundo y promover los medios para detener las disminuciones y restaurar las poblaciones.

elib.cs.berkeley.edu/aw/ AmphibiaWeb, sitio inspirado en la disminución global de anfibios. Proporciona acceso gratis a la información sobre la biología y la conservación de anfibios.

research.amnh.org/herpetology/amphibia/index.html/ Las especies de anfibios del mundo, Museo Americano de Historia Natural, Departamento de Herpetología.

Amphibians in cyberspace

www.frogs.org/ Website of the Amphibian Conservation Alliance, a partnership between scientists and policy experts. Their mission is to protect frogs and other amphibians worldwide by promoting critical advances in science, education and public policy.

www.frogweb.gov/ Amphibian Declines & Deformities, National Biological Information Infrastructure, United States Geological Survey.

www.open.ac.uk/daptf The mission of the DAPTF is to determine the nature, extent and causes of declines of amphibians throughout the world, and to promote means by which declines can be halted or reversed.

elib.cs.berkeley.edu/aw AmphibiaWeb, a site inspired by global amphibian declines, is an online system that allows free access to information on amphibian biology and conservation.

research.amnh.org/herpetology/amphibia/index.html Amphibian Species of the World, American Museum of Natural History, Department of Herpetology.

"Una vieja charca,
Una rana brincando

El sonido del agua".

Matsuo Basho, Japón

"An old pond,
A frog leaping in
The sound of water."

Matsuo Basho, Japan